KB248417

적자생존의 기술

적자생존의 기술
이병호 지음

초판 인쇄 | 2009년 10월 25일
초판 발행 | 2009년 10월 30일

지은이 | 이병호
펴낸이 | 신현운
펴낸곳 | 연인M&B
디자인 | 이희정
기　획 | 여인화
등　록 | 2000년 3월 7일 제2-3037호
주　소 | 143-874 서울특별시 광진구 자양동 (680-25호(2층)
전　화 | (02)455-3987　팩스 | (02)3437-5975
홈주소 | www.yeoninmb.co.kr
이메일 | yeonin7@hanmail.net

값 10,000원

ⓒ 이병호　2009 Printed in Korea

ISBN 978-89-6253-037-7 03810

적자생존의 기술

당신의 미래가 흔들리고 있다!

평생 '승자' 로 살아갈 것인가?
아니면 '패자' 로 남아 있을 것인가?

이병호 지음

지금 당장 결정하고 실천하라!

지혜로운
신지식인의
교육에세이

승자의 길을 택해야 하는 이유

극기의 어려움은 무엇으로 표현할 수 있을까. 독일의 풍자시인 로가우는 "자기 자신과 싸우는 일이야말로 가장 어려운 싸움이며 자기 자신에게 이기는 것이야말로 가장 놀라운 승리이다."라고 했다. 극기의 어려움을 표현한 말로 해석된다.

이처럼 자기 자신과 싸우는 것은 어려운 일이다. 누구나 자기 자신과의 싸움을 두려워한다. 하지만 이런 와중에도 본받을 사람이 있다. 하루 19시간, 1년이면 1,000켤레가 넘는 신발이 닳도록 자신과의 싸움에 도전하는 사람이다.

바로 주인공은 '발레리나 강수진'이다. 마흔이 넘은 나이에 '강철 나비'로 불릴 정도로 매 순간 혼신의 힘을 다하며 오늘을 살아가고 있다. '웃는 게 약'이라는 신조어를 만들어 낼 정도의 그녀의 삶 속에는 피가 끓는 듯한 승자의 근성이 숨어 있다.

잠을 자거나 공연을 위해 준비한 시간 외에는 오로지 발레 연습만 한다. 수석 무용수로, 세계적인 스타가 된 것은 아마도 우연이 아닌 노력이 만들어 낸 필연인지도 모른다.

누구든지 쉽게 마음을 먹고 결심을 한다. 그러나 행동으로 옮기고 실천하기란 어려운 일이다.

이곳저곳에서 사는 것이 어렵다고, 힘들다고 아우성이다. 하지만 위기가 기회라고 생각하며 돌파구가 될 수 있는 승자가 되는 방법이 있노라고 힘차게 외쳐 보려고 한다.

이 책은 학교에서 배우지 못하고, 알면서도 실천하지 못하는 강한 자가 살아남는 생존 즉, 적자생존의 기술에 관한 내용을 많이 포함시켰다.

누구나 승자로 살아가기를 원한다. 승자로 살아가기 위해서는 게으름과 무력함에서 빨리 벗어나 진정한 자아 성취를 해야 한다. 자신을 바꾸려는 시도가 바로 승자의 길로 가는 첫 번째 관문이라는 것을 말하고 싶다.

승자가 되려면 무엇을, 어떻게 실천해야 하는가라는 문제가 있다. 그러기 위해서는 승자가 되기 위한 덕목을 갖추고 있어야 한다. 그 덕목이란 남보다 월등한 어떤 힘(strength), 권력(power)의 우월에 기인한 생존이 아니다. 오히려 자신이 처한 실정에 맞추어 승자로 살아남는데 필요한 생존법이라고 하겠다.

그것은 다른 사람과 다른 차별적이면서 자신을 살리고 자아를 성취하는데 필요한 생존의 기술인 시간관리, 건강관리, 인맥관리 더 나아가 미래를 위한 자기관리에 초점을 두었다. 실천 가능한 사례를 중심으로 구성하였다. 특별히 '경제교육' 에 주안점을 두어 힘이 생존이 아니라 경제가 힘임을 강조하였다.

자신을 움직이는 사람은 오직 자신뿐이다. 많은 독자들이 이 책에서 자신의 에너지로 끌어당긴다면 그것으로 만족한다. 고통을 자기 친구처럼 생각하는 강수진 씨의 모습을 그리면서 한 번쯤 자신을 점검하고 뒤돌아보는 기회가 되었으면 한다.

이 책이 나오기까지 많은 관심을 보내주신 대전광역시 진동규 유성구청장님, 한국사립유치원 대전지회 최희숙 회장님, 한국소방안전협회 대전지부 김대희 총무과장님과 많은 분들에게 고마움을 전한다.

끝으로 어려운 여건 속에서 아랑곳하지 않고 좋은 책을 만들어주신 연인M&B 신현운 사장님과 편집부 직원 여러분께 뜨거운 감사를 드린다.

2009년 오곡이 익어가는 가을날
대덕전자기계고등학교에서
이병호

차례 | Contents

제2부

승자로 살아가기 위한
시간관리 기술

제4부

나를 바꾸는
건강관리 기술

제1부

아주 특별한 5가지 생존 기술

부자들의 습관을 훔쳐라

부자에 대한 개념이 많이 바뀌고 있다. 부자학연구학회가 〈부자 매뉴얼〉에서 밝힌 부자란 '그 사회에서 보편타당하게 많은 사람들이 인정하는 수준 이상의 재산을 가지고 있으면서 인격적으로 성숙한 사람으로, 가정적으로 안정되어 있고 화목하며 건강에 이상이 없는 사람' 이다. 이는 단순히 돈이 많은 사람이 아니라 경제적으로 안정되고 자신과 가정이 편안한 사람, 이것이 바로 미래가 꿈꾸는 부자의 실체란 말이다.

이는 부자란 개처럼 벌어서 개가 되는 것이 아니라, 개처럼 벌어서 정승처럼 쓴다는 우리 속담이나 아니면 정승처럼 벌어서 정승처럼 쓰는 것이 부자임을 말한다.

부자로 성공한 사람들은 저축과 투자로 부를 축적해 가며 만족스럽게 생각하는 습관에 익숙하다. 반대로 경제적으로 실패한 사람들은 저축이나 투자에 대한 중요성을 느끼지 못한 채 항상 불만족해 하면서 살아가고 있다. 그래서 부자들의 습관을 훔쳐 볼 필요가 있다.

세계적인 갑부들의 부자 되는 습관을 훔쳐보면 특별한 방법은 따로 없다. 매달 꾸준하게 저축하는 것뿐이다. 미국의 전형적인 갑부인 포스트 부부는 봉급의 액수에 관계없이 매달 저축을 하여 많은 돈을 모았다.

그들은 무슨 일이 일어나든 저축할 돈을 우선 떼어놓아야 하며, 그것이 습관이 되어야 한다고 말했다. 규칙적인 저축과 투자라는 복합증식의 효과가 합해지면 놀랄 만큼 빠르게 재산이 불어나고 모아질 것이다.

부자가 되려면 재산 증식이 중요함은 물론이다. 그러면서도 재산 증식 이상으로 중요한 것은 절약이다. 절약을 통해서 재산 증식이 배가 될 수 있다. 부자는 절약하는 사람이다.

절약을 생활화한 사람은 그만큼 투자의 가치를 제때에 발휘하여 놀랄 만큼 재산을 증식시킬 수 있다. 절약은 투자의 가치를 빛낼 가능성을 간직하고 있다고 말할 수 있다. 그래서 부자란 저축과 투자의 균형과 절약의 의미를 터득한 사람이라고 말하는 이유가 여기에 있다.

절약에는 왕도가 있다. 절약하려면 무엇보다 발품을 많이 팔아

제1부 아주 특별한 5가지 생존 기술

야 한다. 노력 없이 절약이란 있을 수 없는 일이다. 때론 정보의 힘을 빌리기도 하고, 가능하면 몸을 많이 움직여야 한다.

인내심이 없는 사람에게는 발품을 파는 노력도 사치라고 생각할 수 있다. 그래서 절약이란 허사가 되고야 만다. 이런 마음가짐으로는 보다 좋은 물건을 알아보기 위해 발품을 파는 일 따위는 생각할 수도 없을 것이다. 많은 현대인들은 조급증과 성급한 성격을 가지고 있는 것이 특징이다. 그래서 발품을 파는 것이 헛수고가 될 수 있다는 생각을 한다. 그러나 인내를 가지고 발품을 파는 노력을 해야 한다. 당장은 늦은 것 같지만 결국은 승자가 될 수 있다.

발품을 많이 판다 하여 이곳저곳 돌아다니라는 것은 아니다. 중요한 물건을 사기 전에는 인터넷을 찾아본다든지 반드시 사전조사를 하라는 말이다. 어떤 물건이든 구입하기 전에 꼼꼼하게 사전조사를 해야 물건을 저렴하게 구입할 수 있고 양질의 물건을 살 수 있기 때문이다.

철 지난 물건을 사는 것도 하나의 좋은 절약습관이 될 수 있다. 쇼핑을 할 때라면 사람들과 정반대로 생각을 하라. 내가 사고 싶은 물건을 가장 많은 사람들이 사는 때가 언제인가? 그리고 사람들이 잘 사지 않을 때가 언제인가? 만약 스키를 사려고 한다면 겨울이 다가오기 전에 살 것인가? 아니면 끝날 무렵에 살 것인가?

상인들은 여름 동안의 창고비용을 절약하려고 싼값에라도 팔

적자생존의 기술

것이다. 대부분은 늦은 가을에 스키를 사지만, 사고 싶은 욕구를 누르고 이른 봄까지 기다리면 가장 저렴하게 물건을 살 수 있을 것이다. 발품을 파는 것뿐만 아니라 기다릴 줄도 아는 지혜를 가져야 한다.

　부자로 살기 위해서는 많은 노력을 해야 한다. 가장 먼저 시작할 것이 씀씀이를 줄이는 일이다. 평생 승자로 살아가기를 위한다면 당장 부자들의 습관을 훔쳐와야 한다. 훔쳐왔다고 하여 흥청망청 소비하는 도둑의 심보가 아니라 내 것으로 만들겠다는 독한 마음을 가져야 한다. 그런 후에는 부자들의 습관을 내 것으로 만들고 실천해야 한다. 이것이 첫 번째 생존 기술이다.

제1부 아주 특별한 5가지 생존 기술

합리적인 소비방법을 배워라

모든 사람은 소비자이다. 생산자도 결국엔 소비자로 귀결된다. 소비는 경제의 1주제라고 해도 과언이 아니다. 소비자는 생명을 유지하고 생활을 영위하기 위하여 소비활동을 한다. 개인이나 가계의 소비행위는 욕구에 의해서 발생한다. 욕구 충족이란 소비를 통한 자기만족이라고도 할 수 있다.

우리나라는 예전부터 검소를 미덕으로 여겨왔다. 그러나 소비는 검소 이전에 나라를 운영하는 힘이 된다. 자급자족에 만족하는 사회라면 모를까, 수출이 증가하고 발전과 성장이 거듭되는 오늘날 같은 사회는 소비가 미덕이 된다. 다만 절약의 정신에서 끌어올 수 있는 것은 합리적이고 계획적인 소비를 통해 어려운 현실을 극복해야 한다.

적자생존의 기술

소비는 효용과 가격을 고려하는 것이 합리적인 행위이다. 여러 재화가 있을 시 어떤 것을 선택할 것인가는 단순히 가격만 따지는 것이 아니다. 바로 만족감이라는 주관적인 효용이 들어 있기 때문이다. 두 요소가 만나는 지점에서 행위가 이루어진다면 합리적인 소비라고 할 수 있다. 비합리적인 소비로는 충동구매를 꼽을 수 있다. 충동구매란 물건을 살 필요나 의사가 없는데도 물건을 구경하거나 광고를 보다가 갑자기 사고 싶어지는 행위를 말한다.

충동적으로 쇼핑을 하고 충동적으로 구매하는 사람들은 무의식 상태에서 소비하는 거나 마찬가지이다. 이는 당장은 필요 없는 재화에 종속되어 그 재화의 가치를 높이기 위해 끊임없이 소비하는 행태를 말한다.

무의식 쇼핑 같은 것은 자기 주도적으로 소비를 하지 않은 상황에서 비롯된 것이다. 필요해서 효용과 가격을 고려하여 소비하는 것이 아니라, 필요는 없지만 자기만족을 위한다거나, 과시를 위해서라면 비합리적인 소비행위이다. 소비는 소비 자체에 목적이 있는 것이 아니라 소비를 통해 생활을 영위해 나가는 것에 있기 때문이다.

항상소득이라는 말을 들어 보았는지 모르겠다. 월급과 같이 고정적인 소득을 흔히 항상소득이라고 한다. 보다 경제적인 생활을 영위하기 위해서는 무엇보다 지출의 틈새를 조금이라도 좁히는

제1부 아주 특별한 5가지 생존 기술

것이 급선무다. 곧 자신도 모르게 빠져나가는 것을 방지하기 위해서는 계획적인 소비를 해야 한다는 말이다.

예를 들면, 우리 일상에서 심각한 휴대폰 요금과 무절제하게 사용하는 신용카드를 생각해 보자. 많은 학생들이 1년이면 100만원에 육박하는 휴대폰 요금을 내고 있다. 정말로 놀라운 사실이다.

최근에는 휴대폰을 이용한 결제가 늘어나면서 심각한 문제가 되고 있다. 남모르게 나가는 소위 '돈 도둑' 이 늘어나고 있다는 것이다. 그것에 신경 쓰는 경우는 드물다. 게다가 본인의 용돈이나 예산의 범위에서 결제하는 것이 아니라 부모의 통장에서 빠져나가기 때문에 문제는 더욱 심각하다.

이런 경우 학생들의 휴대폰이나 신용카드 요금이 자신의 통장에서 빠져나가도록 하는 것은 지출을 최대한 줄일 수 있는 좋은 전략이 될 수 있다. 부모가 주는 일정한 용돈으로 본인이 스스로 책임감을 가지고 사용하는 것이 바람직한 방법이 될 수 있다. 그것은 자녀에게 좋은 경제교육의 기본이 될 수 있으며, 나아가 평생 합리적인 소비 습관을 전이시키는 계기가 될 것이다.

더욱 심각한 것이 신용카드이다. 신용카드는 근본적으로 외상거래이다. 소비를 적절히 한다면 효율적인 소비를 영위하여 경제적인 이익을 볼 수도 있다. 그러나 씀씀이가 헤프다면 무서운 것이 신용카드이다. 씀씀이를 억제할 수 없는 사람이라면 아예 신용카드 한도를 적당한 수준으로 낮춰 두는 것도 하나의 좋은 방

적자생존의 기술

법이다.

무엇보다 중요한 것은 계획적이고 합리적인 소비를 해야 한다는 사실이다. 끊임없는 노력은 견고한 습관을 만든다. 소비 습관이 잘못되었다면 지금이라도 소비 습관을 바꿔야 한다.

누구든지 부자로 살기를 원한다. 수지 균형이란 말 그대로 수입과 지출의 균형이지만, 부자는 수지 균형의 철칙을 가지고 있음에도 씀씀이를 줄이는 것에 더 많은 신경을 쓴다. 세상은 공평하다. 당신이 한 만큼 돌아올 것이다. 이제 어떤 것을 선택할지는 당신의 몫이다.

제1부 아주 특별한 5가지 생존 기술

교육을 통한 경제의 힘을 키워라

　최근 고등학교 750명을 대상으로 '고교생 경제인식조사' 에 따르면 응답자의 80.5%가 경제교육의 필요성에 인식을 같이하고 있었다. 또 학교 교육과정에 경제과목을 신설할 경우 교육의 시기에 대해서는 '빠를수록 좋다' 라고 응답해 경제교육이 조기에 실시되어야 한다는 절실함을 확인하는 기회가 되었다.

　그러나 불행하게도 응답자의 67.7%가 신용불량자가 되더라도 다시 '신용회복을 할 수 있을 것' 이라고 응답해 신용불량자 문제에 대한 심각성을 느끼지 못하고 있는 것으로 나타나 두려움마저 느끼게 된다.

　더더욱 학교 교육과정에서 제대로 된 경제교육을 받을 수 있는 환경이 없었다는 생각에 마냥 쓸쓸하기만할 뿐이다. 일례로 경제

적자생존의 기술

부양이라는 이유로 아무런 제한 없는 카드 발급을 해 주던 때가
있었다.

그래서 무분별한 소비가 발생하였고 대규모 신용불량자 양산이
라는 결과를 낳았다. 소비는 경제의 한 측면이기는 하지만 자신
의 제약된 수입 밖에서 하는 소비란 경제적이지 못한 것이다.

경제교육의 필요성은 두말할 나위 없다. 그렇다면 경제교육의
시기는 언제이며, 무엇을 포함해야 하는가? 시기와 관련하여 경
제교육은 어느 정도의 의사 결정능력이 형성되는 시기인 초등학
교 때부터 이루어져야 한다. 교육과정 안에는 소비, 저축, 신용 등
을 반드시 포함하여야 한다. 또 경제교육을 통하여 올바르게 의
사 결정을 할 수 있는 능력을 키워줘야 한다.

경제교육은 절대 주입식으로서는 안 된다. 반드시 체험을 바탕
으로 한 실생활 위주로 이루어져야 한다. 세상에 공짜란 존재하
지 않는다는 인식을 심어줄 수 있다면 경제교육은 절반이 성공한
셈이다.

또 경제교육이란 일차적으로 자신의 주어진 예산의 범위 내에서
합리적인 소비를 할 수 있는 능력을 길러주는 것이다. 최소한의
투입으로 많은 성과나 효용을 얻어내는 것은 칭찬할 일이지만, 무
리한 투입으로 반짝 성과가 있더라도 부채를 지는 것은 합리적이
지 못한 것이다.

미국 경제교육협의회 로버트 듀발 회장은 "경제교육은 단순히

제1부 아주 특별한 5가지 생존 기술

돈에 대해 가르치는 것이 아니며 경제교육의 진정한 목표는 바로 선택과 의사 결정의 책임을 가르치는데 있다."고 말했다. 따라서 진정한 경제교육은 사람이 살아가는데 필요한 생산과 소비를 동시에 배우는 것이라고 볼 수 있다.

경제교육의 한 분야는 배분 혹은 나눔의 문제이다. 몇 년 전 한 할머니가 40여 년 동안 김밥을 팔아 모은 전 재산 50억 원을 모 대학교에 기부하여 화제가 된 적이 있었다.

화폐의 가치의 기준을 어떻게 하느냐에 따라 다를 수 있지만 50억이라는 재산은 엄청난 존재다. 기부를 받은 대학에서는 거룩한 할머니의 뜻을 받아들여 김밥할머니의 법명을 따서 건물의 명칭까지 바꿨다고 한다.

또한 돈을 버는 것도 중요하지만 잘 쓰는 것이 더 중요하다는 것과 어떤 일을 하여도 돈을 얼마든지 벌 수 있다는 교훈을 준다. 배움이 적다고, 월급이 적다고 하는 것은 핑계에 불과하다. 김밥 할머니도 하는데 당신이라고 못할 이유가 있겠는가?

그렇다고 돈을 많이 버는 것을 전부라고 생각해서는 안 된다. 물론 경제교육은 돈에서부터 출발한다. 그리고 많은 부모들이 원하는 게 있다면 자녀가 돈을 많이 버는 것일 것이다. 그것이 경제적으로 성공한 사례로 지목될 수도 있다.

그러나 경제교육은 모두를 성공가도로 이끌려고 수행하는 것이 아니라 오히려 인생을 올바르게 살 수 있는 방침을 제시해 주는

적자생존의 기술

것이다.

무엇보다도 경제교육의 진정한 목적은 사회구성원으로서 건전한 시민의식을 가지고 살아갈 수 있도록 경제의식을 부여하고 인간의 욕구를 충족시키는 데 있다.

제1부 아주 특별한 5가지 생존 기술

신용도를 최대한 높여라

현대를 신용사회라고 부른다. 신용이란 일반적으로 타인을 신뢰하는 것이다. 사람이나 사물이 틀림없다고 믿어 의심하지 않는 믿음의 정도를 말한다. 또한 경제적으로 거래한 재화의 대가를 앞으로 치를 수 있음을 보이는 능력을 말하기도 한다.

그리고 부채를 감당할 수 있는 변제 능력을 말하기도 한다. 신용은 돈에다가 그 사람의 됨됨이나 약속을 지키는 성실도를 포함한 인격과도 같은 것이다.

우리는 신용불량자 320여만 명, 실업자 230여만 명의 시대에 살아가고 있다. 왜 이런 사람들이 날로 늘고 있을까? 어쩌면 인간에게 기본이 되는 신용을 소홀히 한 당연한 결과인지 모른다.

신용은 자신을 객관적으로 평가받는 척도가 된다. 사람은 업무

적자생존의 기술

능력으로 평가받기 전에 시간 엄수, 약속 준수, 신뢰를 주는 삶의 방식으로 평가받는 것이 더 중요하기 때문이다.

신용에는 한편으로 등급이 있어 투자의 적정성과 지속성을 가늠해 주는 기준이 있다. 개인의 신용은 나이, 직업, 소득, 주거 형태에 따라 달라진다. 신용등급은 10단계로 나누어진다. 그리고 등급에 따라 대출 여부와 한도, 금리가 결정된다. 신용등급은 경제활동을 하는데 무엇보다도 중요한 요소가 된다.

신용도를 최대한 높여야 한다. 한 은행과 집중해 거래하는 것도 신용도를 높일 수 있는 지름길이다. 금융회사는 거래실적이 높은 고객에게 더 높은 신용등급을 부여한다.

따라서 거래 실적을 높이기 위해서는 예금과 대출은 물론 신용카드, 공과금 납부에 이르기까지 주거래 은행을 정해 놓고 집중적으로 이용하는 것이 좋다. 주거래 은행을 이용하면 자동적으로 우대 금리 혜택을 받을 수 있는 기회도 늘어난다.

온 가족이 주거래 은행을 정하여 거래 실적을 높여 신용도를 높이는 방법도 있다. 일반적으로 금융회사는 가족관계를 등록해서 통합적으로 고객을 관리하는 시스템을 가지고 있다. 금융기관에서는 가족 구성원의 개별 실적을 합산해서 개개인의 실적으로 인정해 준다.

꼭 필요한 만큼의 신용카드를 보유하는 것도 신용등급을 올릴 수 있는 방법이다. 왜냐하면 신용카드를 많이 보유한 것 자체만으로 신용등급이 떨어진다. 금융권에서는 신용카드를 필요 이상으로 보유하면 현금서비스로 카드 돌려막기를 할 잠재 고객으로 분류되기 때문이다.

신용카드를 많이 가지고 있으면 현금을 가지고 다니지 않아도 되는 편리함도 있지만, 잘못 사용하면 외상거래를 조장하고 돈이 없는 사람에게는 빚쟁이로 전락시키고 불필요한 존재가 될 수도 있다.

신용을 위해 절대 해서는 안 되는 것이 연체이다. 사람과 사람 관계에서도 약속을 지키지 못하면 신용을 잃듯이 연체를 하면 금융거래가 정지되는 가장 큰 요인이 된다. 매달 갚아야 하는 신용카드 대금은 금액과 상관없이 연체되면 자신의 신용점수에 많은 영향을 준다.

연체 정보가 등록되는 것은 금융회사에서 대출을 받은 후 3개월 이상 연체된 뒤로부터 제재를 받게 된다. 또 신용카드 대금 5만원 이상, 할부금융 대금을 3개월 이상 연체되면 정보가 등록되어 금융 거래하는데 어려움이 수반된다.

연체는 금융기관 간에 공유되어 신용평가에 반영되고, 통신요금이나 공과금 역시 연체되면 소액이라 할지라도 신용등급에는 좋지 않은 영향을 준다. 설령 연체금을 다 갚는다고 해서 신용등급이 바로 회복되는 것이 아니다. 연체 사실을 나타내는 기록은 일정 기간 금융기관에 보존되어 신용평가에 불이익을 미친다.

적자생존의 기술

무엇보다 중요한 것은 신용관리의 중요성과 올바른 소비 습관을 기르는 것이다. '자신의 신용관리가 왜 필요한지', '신용도가 나빠지면 어떠한 불이익이 생기는지', '자신의 신용도를 높이는 방법에는 어떤 것이 있는지' 등의 경제교육을 통하여 생활 속에 건전한 소비 습관을 기르는 것이 무엇보다 중요하다.

스스로 자산관리사가 되어라

　인간의 욕구는 무한하다. 소득이 증가하고 생활이 윤택해짐에 따라 자연히 소비도 증가하기 마련이다. 다만 소득의 증가에 비하여 소비는 급격하게 변하지 않는다. 소비는 일정한 패턴을 유지하는 데 이를 항상소비라고 한다.

　항상소비는 일정한 소득을 전제한 것으로 항상소득 하에서는 항상소비가 성립한다. 그러나 정기적인 소득이 아닌 복권당첨금이나 보너스 같은 임시 소득이 발생하였다면 그 소득은 일정한 소비의 패턴을 변화시킬 수 있다.

　한편 소득의 급격한 변화가 있었다고 하더라도 당장 소비를 줄이는 것은 쉬운 일이 아니다. 가령 잘 살던 사람이 갑자기 살기 어려워졌다고 해도 그의 소비 습관은 갑작스럽게 변하지 않기 때문

적자생존의 기술

이다. 바로 소득의 급격한 변화에도 불구하고 소비의 급격한 변화에 제동을 걸기 위하여 쐐기를 박아야 한다는 것이 '쐐기이론'의 핵심이다.

이 이론은 브라이언 트레이시가 주장을 했다. 미래 소득 증가분에서 50%는 저축하는 습관을 들이는 것이 현재 소비구조를 바꾸려고 시도하는 것보다 훨씬 효과적이다. 소비는 일정함을 유지하기 때문에 증가하는 소득에 대하여 저축을 하라는 말이다. 수입이 점차 늘어나면 지출도 수입에 걸맞게 늘어난다는 파킨슨 법칙과는 아주 구별된다.

저축도 일종의 투자이다. 그러므로 아름다운 미래를 살아가기 위해서라면 향후 수입 증가분의 50%를 저축하는 습관을 가져야 한다. 그렇게 함으로써 부채도 갚고 재정적으로 자립을 이룰 수 있다.

평소 저축하는 습관을 기르는 것이 중요하다. 매년 자신의 목표 재산이 어떻게 관리되고 있는지 관심을 가지는 것도 무엇보다 중요하다. 자신의 자산을 관리하는 자산관리사를 별도 둘 수 없는 입장이라면 스스로 자신의 자산을 관리하는 자산관리사가 될 필요성이 있다.

자산이란 말에 귀를 기울여 봐야 한다. 자산에는 부동산, 그림, 조각 같은 유형의 자산과 예금, 증권, 특허권 같은 무형의 자산이 있다.

최근 들어 부의 축척 수단으로 부동산이 각광받고 있다. 본질적으로 부를 늘리는 수단이라든가 윤리적인 수단 혹은 경제적인 효율성을 갖춘 수단이 못된다. 저축은 노동의 대가와 더불어 거시적인 경제의 기초 수단이 되기에 더욱 값진 것이다.

다음은 자산관리사가 되어야 한다는 말을 유념해 보아야 한다. 자산관리사라면 어떤 원칙이 있어야 한다. 예를 들어 평범하지만 유용한 격언처럼 통용되는 말이 있다.

"달걀을 한 바구니에 담지 말라."

이 말은 투자 내지 저축의 필요성과 관련된 분산투자, 분산저축의 필요성을 제기하는 말이다. 자신만의 소신과 원칙을 가지고 자산관리에 심혈을 기울여야 한다. 세상에 아무 노력없이 공짜로 주어지는 것은 하나도 없으니까 말이다.

저축하는 습관을 들이는 데에 도움이 될 만한 이야기를 해 보려고 한다. 당신은 자동조정장치로 운행하는 비행기가 미국 본토에서 하와이까지 가는 동안 비행시간의 95%가 항로에서 벗어난다는 사실을 알고 있는가? 이 이유는 간단하다. 바람 때문이다. 바람 때문에 항로가 계속 변경되어 자동조정장치는 몇 분마다 비행기의 항로를 수정한다. 이 장치가 기계적으로 컴퍼스의 방위각을 반복적으로 수정하는 것이다.

인생을 살다 보면 인생 여정이 조금씩 바뀔 수 있다. 이때 현재 가고 있는 인생 항로를 무턱대고 수정하는 것이 아니라, 원칙을

적자생존의 기술

가지고 수정할 수 있는 자동조정장치가 필요하다는 뜻이다. 고난이 닥쳐와도 본인이 원하는 소신을 잃지 않고 부자가 되기 위한 길, 저축하는 습관을 지속적으로 유지하게 하는 힘 말이다. 그 힘은 비행기가 목적지에 무사히 도착하게 하는 것처럼 당신이 원하는 것을 성취하게 할 것이다.

어떤 사람에게 빌린 돈을 1주일 내에 갚으라고 하면 1주일이 다 되어서 돈을 가져온다. 만일 똑같은 일이지만 2주일 내에 빌린 돈을 갚으라고 요구하면 역시 2주일이 다 되어야 가까스로 빚을 갚게 된다. 이것은 인간의 불변의 법칙이다.

사람은 시간이 많으면 많을수록 여유를 부리기 마련이다. 한가한 노인이 조카딸에게 편지 한 장 써 보내는 데는 온종일 걸릴지도 모른다. 편지지를 찾고, 안경을 찾고, 주소를 찾아, 편지를 써서, 겨우 편지 한 통을 써서 우체국에 붙이기까지는 시간이 예상보다 많이 걸린다. 여유를 부릴 수 있는 사람에게 있어 하루의 24시간은 왠지 길지 모른다.

이쯤하면, 편지 한 통 써서 우체통에 붙이는 것보다 평소 자신이 자산관리사가 되는 것이 쉽다는 것을 몸소 느낄 수 있을 것이다. 적어도 일 년에 한 번씩은 컴퍼스의 방위각을 다시 맞추어 보고 안전한 여정을 위한 조정의 기회가 필요하다. 일종의 반추 혹은 되새김질이라고 해야 할까. 이처럼 반추하고 목표를 향해 나아가는 당신은 성공이라는 목적지에 한 발 가까워질 것이다.

승자로 살아가기 위한 시간관리 기술

To be or Not to be

아침형 인간이 되어라

시간은 곧 경쟁력이다. 재화의 경쟁력이 가격과 품질, 그리고 사후관리(A/S)에 있다면 개인 간의 경쟁력의 차는 시간의 적절한 배분과 활용에 있다. 시간이 없을 정도로 빡빡한 일상을 보내고 있더라도 자기를 연마하는 시간이 있다면 경쟁력 있는 사람이 되고, 또 그 경쟁력은 인간의 삶을 더욱 살찌게 만들어 줄 것이다.

그래서 그런가, 틈새 시간일 수도 있는 아침을 활용하는 사람들이 많아지고 있다. 이유는 하루 중 가장 능률이 높은 시간이면서 주위 환경이 조용하고 아무에게도 방해받지 않기 때문이다. 어느 시간보다도 집중력을 높이면서 효율성 있는 시간을 보낼 수 있는 장점이 있다. 또 아침시간은 이성적인 활동에 유리하고, 저녁시간은 감성적인 활동에 더 유리하다는 말이 있다. 그래서 이성을 깨우는 아침형 인간이 늘어가고 있다.

근래에는 '아침형 인간'에 대한 논의가 활발하게 이루어지고 있다. "부자가 되려거든 아침에 일찍 일어나라.", "직장에서 성공하려면 아침형 인간이 돼라!" '월간중앙'이 국내 대기업 70명의 CEO들에게 직접 물어봤다. 적어도 성공까지는 몰라도 기업의 CEO나 리더가 되려는 사람은 '저녁형'보다는 '아침형'으로 라이프 사이클을 바꾸는 것이 유리하다는 것이 이번 조사결과의 핵심이다.

하루 중 오전 6~8시가 두뇌활동이 가장 좋아져 집중력이나 판단력이 활발한 시간이다. 뇌세포가 활성화되는 이른 아침의 1시간은 낮의 3시간과 거의 맞먹는 시간이다. 이는 아침형 인간이 날로 늘어가고 있는 이유를 반증하고 있다.

CEO들의 대다수는 아침형 인간이다. 조사대상 70명 가운데 67명이 "나는 아침형 인간"이라고 대답했다. 응답자의 95.7%가 아침형이다.

먼저, 잠자리에서 일어나는 시간을 물어봤다. 모두가 한결같았다. '오전 6시에 일어난다'는 사람이 63명(94%)이었고, 시간대별로 나눠 자세히 보면 오전 5~6시에 일어난다는 사람이 50명(75%)으로 가장 많았다. 그 다음으로 오전 4~5시간 11명(16%)이었고, 오전 6시가 넘어 기상하는 CEO는 4명이라고 응답했다.

나머지 2명은 오전 4시면 어김없이 일어난다. 말하자면 '꼭두

제2부 승자로 살아가기 위한 시간관리 기술

새벽형 인간'이다. 그러나 '전날 밤 몇 시에 잠자리에 드는가'는 파악되지 않아 많은 사람들에게 아쉬운 여운을 남겼다.

보통 사람이 숙면하기에 가장 좋은 시간대는 새벽 2~4시이다. 체온이 낮을 때 숙면을 취할 수 있는데, 체온은 오후 2시경에 최고점에 달하고, 새벽 2~4시경에 최저가 된다. 말하자면 체온이 최저인 시간이 숙면하기에는 가장 적당한 시간이라는 말이다. 깨어 있는 것이 더 효율적이라는 이야기이다.

아침에 일찍 일어나기 위해서는 보다 깊은 잠을 자야 한다. 수면은 양보다 질이 문제다. 오래 자는 것보다 짧은 시간이라도 숙면을 취하는 것이 중요하다. 하루 3시간밖에 자지 않는 사람의 뇌파를 조사해 본 결과, 수면의 질은 8시간 잔 사람과 크게 다를 바 없는 것으로 나타났다. 짧지만 깊은 숙면이 분산되고 긴 수면에 비해서 효율적이라는 말이다.

하루 8시간 자야 한다는 고정관념을 버려야 한다. 지나친 수면은 오히려 건강을 방해한다. 과도한 수면으로 신체 전반의 세포를 지나치게 쉬게 하는 것은 노화를 촉진시키는 결과가 된다. 낮 동안 충분히 소비하지 못한 채 다시 잠을 자면 에너지 과잉에 빠지는 악순환이 거듭된다. 수면시간이 짧아지면 교감신경의 활동이 활발해져 호르몬 분비가 좋아져 결과적으로 건강한 몸을 유지할 수 있다.

시간은 어느 누구에게나 공평하게 주어진다. 그러나 똑같이 주어진 시간을 소모했으면서도 꿈을 이룬 사람과 그렇지 못한 사람이 있다. 그 차이는 바로 시간을 어떻게 관리하고 사용했느냐에 따라 달라진다. 지금이라도 저녁형 인간이라면 아침형 인간으로 바꾸는 노력이 어떨까.

제2부 승자로 살아가기 위한 시간관리 기술

파레토의 '80/20법칙'을 활용하라

현대사회만큼 시간의 중압감에 빠지는 시대는 없었다. 과거 인간의 시간이 느슨하였다면 현대는 촘촘하고 급하다. 과거처럼 시간을 느슨하게 쓴다면 늦춰지는 사람, 더딘 사람, 구시대적 인간으로 취급받을 것이다. 어쨌든 시간을 어떻게 쓸 것인가의 문제가 현대의 화두인 셈이다.

인간의 삶을 한층 승화시킬 수 있는 것은 무엇보다 시간을 잘 관리하는 것이다. 시간관리하면 먼저 파레토의 법칙을 들 수 있다. 흔히 '80/20 법칙'이라고 부른다. 이 법칙은 어찌 보면 작은 노력, 투입량, 원인이 큰 부분의 성과, 산출량, 결과를 이루어 낸다는 법칙을 말한다. 이 법칙에 따르면 원인과 결과, 투입량과 산출량, 노력과 성과 사이에는 일정한 불균형이 존재한다. 50% 노력으로 50%의 성과를 얻는 것은 아니라, 20%의 노력, 투입량, 원인행위로 인해 80%의 성과, 산출량, 결과를 얻는다는 말이다. 달리 말하면 균형의 노동이 비례하는 성과를 만들어 내는 것이 아니라는 말이다.

이쯤해선 20%의 활용을 논하는 것이 좋을 듯하다. 아침시간을 효율적으로 사용하라. 새벽과 이른 아침은 창조적인 활동이 가장 극적으로 이루어질 수 있는 시간이다. 하루를 기준으로 생각하면 아침 9시 이전이 가장 창조적인 시간이라고 볼 수 있다. 이 시간대는 수면과 휴식시간이 끝난 후이므로 뇌활동이 가장 왕성한 시간이다.

더군다나 업무나 다른 일로 방해받지 않는 시간이기 때문에 가장 집중력이 있는 시간이다. 우리가 활용할 수 있는 최고의 20%가 되는 것이다. 하루의 24시간 중에서 바로 이 새벽과 아침을 잘 활용하는 것이 중요하다. 20%의 활용이 80%에 버금가는 효율을 발휘할 수 있다.

집중과 휴식을 적절하게 활용하여야 한다. 사람은 기계와는 달라서 적절한 브레이크 타임이 없으면 최대한으로 효율을 높일 수 없다. 사람이 고도로 집중할 수 있는 한계는 대개 60분 전후이다. 60분이 지나면 집중력이 자연적으로 떨어지기 때문이다. 따라서 이 60분 단위로 업무와 노동량을 분배하고 그 60분에 자기의 에너지를 쏟아 부어야 한다.

제2부 승자로 살아가기 위한 시간관리 기술

그런 후에 10분 내지 15분을 휴식시간을 가져라. 가벼운 스트레칭과 건강 호흡법을 사용하여 당신의 정신과 육체를 최대한 안정시켜야 한다. 왜냐하면 이 20%의 휴식이 또 다른 60분을 좌우하기 때문이다.

20% 활용의 막바지에 이른다면 마감시간 효과를 최대한 활용하라. 우리는 마감시간에 쫓겨서 일하는 사람들을 게으른 사람이라고 치부하기 쉽다. 20/80의 법칙이란 게으른 이들이 집중하는 바로 이 마감시간을 적절하게 활용하자는 것이다. 그렇다고 어떤 일이 종료되기까지 하는 둥 마는 둥 하다가 막판 뒤집기 식으로 일을 하자는 것은 아니다. 의도적으로 마감시간을 설정하여 데드라인을 잘 활용하는 것도 하나의 좋은 방법이 될 수 있다.

예를 들어 지하철을 타는 시간이나 화장실에 가는 시간은 이미 규정된 데드라인이므로 이 시간 동안 목표를 정해두고 책을 읽는 것도 마감시간 효과를 적절히 활용한 것이다. 이러한 20%가 나머지 80%를 결정하기 때문이다. 이것이 바로 80/20 법칙에 입각한 효율적인 시간관리 방법이다.

중요한 일을 먼저 하는 것도 좋은 방법이 될 수 있다. 쉽게 말하면 우선순위에 따라 일을 처리하라는 말과 같다. 우선순위가 있다는 말은 그만큼 중요한 일이라고 할 수 있다. 이외에 덜 중요한 것도 있고, 사소한 일도 있을 것이다.

우선순위가 있는 일이 있다고 가정해 봐라. 우선순위가 없는

적자생존의 기술

일이라면 왜 그것이 우선순위가 안 되는지를 파악하고, 우선순위가 있는 일과 비교하여 시간과 역량의 분배를 고르게 해야 하고자 하는 일에 대한 만족도를 최대한 높일 수 있다는 사실을 명심하자.

그리고 하루 일과를 시작하기 전에 15분 정도의 시간을 활용하라. 오늘 내가 무엇을 할 것인가에 대한 목록을 만들고 기록하는 습관을 기르자. 우선 그 활동 목록 중에서 긴급하고 중요한 일과 그렇지 않은 일을 정하여 적절한 시간을 배치하는 것이 중요하다.

사람은 꼭 필요한 일만 하면서 살 수는 없다. 자기 계발이나 건강관리, 명상의 시간 등을 하루에 20%를 사용한다면 당신의 인생은 몰라보게 달라질 것이다. 당장 20/80의 법칙을 활용하자.

제2부 승자로 살아가기 위한 시간관리 기술

자투리 시간을 활용하라

누구에게나 자투리 시간이 있다. 흔히 자투리 시간은 필요 없는 시간이라고 생각하는 사람이 많다. 현대사회에서 승자가 되고 그렇지 않은 사람의 차이는 자투리 시간을 얼마나 활용했느냐에 따라 달려 있다.

자투리 시간의 활용에 대해 눈을 뜨게 되면, 완전한 업무시간 이상으로 효과를 올릴 수 있다. 원고를 정리한다거나, 책을 읽는 데 소요되는 시간이 4시간이고, 새마을호가 3시간 만에 목적지에 도착한다고 할 때, 일부러 무궁화호를 타는 것도 시간 활용에 큰 도움이 될 것이다.

점심시간은 직장을 다니는 사람들에게는 자투리 시간으로 활용하는데 많은 도움이 된다. 점심시간을 회식의 기회로 활용하는

적자생존의 기술

발상도 해 볼 수 있다. 회식을 폭음의 동의어로 이해하는 중년 이상의 직장인들에게는 점심 회식이 상당히 낯설지도 모른다. 점심시간 내의 회식이라면 술을 잘 못하는 사람이거나, 늦게까지 자리를 지켜야 하는 사람들에게는 환영할 만한 제안이 될 것이다.

연공서열이나 순응이 중시되는 과거의 조직문화가 아닌 요즘, 여성의 사회활동이 날로 증가하면서 유연해진 조직문화, 개성의 존중이라는 조직문화 속에서는 과거의 가부장적인 저녁 회식문화에 변화가 있어야 하는 것은 바람직한 현상이다. 점심시간에 색다른 장소에서, 색다른 메뉴로 자투리 시간 활용을 위하여 도전해 보자.

우리나라에서는 새벽에 움직이는 사람들이 날로 늘어가고 있다. 직장생활을 하면서 새벽에 일어나자마자 영어학원에 가서 영어회화를 배우고 점심시간에는 토익 테이프를 듣고, 저녁에는 몇 명이 팀을 만들어 외국인 강사와 함께 공부하는 사람들도 적지 않다.

이제는 영어 못하고 컴퓨터 못하고 뚜렷한 전문분야 없으면 경쟁력이 없는 사람으로 취급되는 세상이다. 따라서 언제든 구조조정의 대상이 될 수 있다는 공감대가 형성되었기 때문에 모든 일을 접어놓고 자기 계발에 앞장서고 있는 실정이다.

물론 아침 일찍 일어나 자신의 가용시간을 늘리는 것은 그리 쉬운 일은 아니다. 예를 들어 밤늦게까지 회사에서 잔업을 하거나

45

술자리를 자주하는 직업이라면 어려운 일이다. 그러나 저녁보다는 아침시간이 시간 활용에 많은 도움이 되는 것은 분명하다.

병원에서 진료시간을 기다릴 때, 버스나 전철 속에서 많은 '유휴시간'을 그냥 흘려보내지 마라. 자투리 시간에 볼 수 있는 책, 듣고 싶은 노래, 생각할 수 있는 주제를 가지고 다녀라. 그러면 많은 시간을 당신 것으로 만들 수 있을 것이다. 엘리베이터를 이용하지 않고 걸어 올라가는 것도 자투리 시간을 이용하기 위한 지혜이다.

자투리 시간일지라도 잘 활용하면 머지않은 훗날 몰라보게 달라진 자신을 발견할 것이다. 티끌 모아 태산이요, 재단하다가 남은 천의 조각인 자투리일지라도 쌓이면 완성된 의상이 된다. 무엇보다도 모든 일은 마음먹기에 달려 있는 법이다. 시작하기만 하면 된다. 자신에게 주어진 여건을 최대한 이용하여 삶의 질을 높여 보자. 성공하는 사람과 그렇지 못한 사람과의 차이는 많은 것이 아니라 아주 적은 것, 곧 시간 활용에 있다는 것을 명심하자.

적자생존의 기술

자신에게 과감히 투자하라

현대는 자기 투자의 시대이다. 그만큼 자기에 대한 투자는 개인의 브랜드, 곧 인지도를 높이는 결과를 낳는다. 마찬가지로 기업도 자신만의 브랜드를 갖기 위해 많은 노력을 하면서 인지도를 높여가려 한다. 성공을 위해 개인과 기업은 많은 시간을 투자한다. 브랜드는 기업의 현재 가치를 말해 주고 판매수익에 영향을 미치며, 개인만의 독특한 브랜드는 개인의 잠재적 성장과 실질적 성장에 영향을 미친다.

사람들은 기업이 생산한 브랜드에 투자해 자신을 표현하고자 한다. 어떻게 보면 기업 마케팅은 브랜드 관리라고 말할 수 있을 정도이다. 기업만이 아니다. 개인의 경우에도 그렇다. 개인마다 개성이 있는 것이고 그 개성은 일종의 남과 다른 가치, 곧 브랜드

제2부 승자로 살아가기 위한 시간관리 기술

를 형성시킨다. 타인과 다른 특별한 가치를 가지고 있다면 그것만으로도 우월성을 인정받을 여지가 남아 있다.

이 말은 개개인마다 자신의 가치를 높이기 위한 관리가 있어야 한다는 말로 바꿀 수 있다. 곧 자기 브랜드를 높이기 위해서 자기 관리를 철저히 해야 한다. 자신에게 얼마나 투자하느냐에 따라 인생이 결정된다. 요즘 사람들은 너나 할 것 없이 바쁘게 살아가고 있기 때문에 자신을 잊어버린 채 살아가는 사람들이 많다.

자기 자신에게 자문할 필요성이 제기된다. 당신은 당신 자신을 얼마나 아는가? 곧 얼마나 성찰하였는가? 그리고 당신은 얼마나 자신에 대해 투자하고 있는가?

당신은 자신에게 얼마나 투자하고 있는가? 많은 사람들은 시간을 투자하든, 비용을 투자하든, 일정부분 자기 계발에 대해 많이 투자한다고 생각한다. 실상은 그렇지 않다. 전혀 투자를 하지 않으면서 수익만 바라는 사람이 많다. 요행심리이다.

투자에는 여러 가지가 있을 수 있다. 자신의 변화와 성장을 위한 학업이나 자신의 업무와 관계되는 것, 혹은 성과목표를 달성하기 위한 노력을 들 수 있다. 그러나 무엇보다 중요한 것은 자기 내면을 풍부하게 살찌우는 것이 아닐까? 외면에 대한 투자도 있어야겠지만 내면을 위한 투자 역시 중요하다.

특히 한 조직의 리더, 또는 리더로서 성공하고자 하는 사람이라면 자신에 대한 특별한 투자가 필요하다. 직위 자체에서 주어지

적자생존의 기술

는 리더십보다는 감화와 카리스마, 준거적인 리더십의 표본을 보일 수 있어야 한다.

그렇다면 목표하는 자신의 성과물이 필요한 곳을 찾아라. 곧 무엇을 위해, 어떻게 성과를 이루어 낼까라는 질문에 답해야 한다는 말이다. 그리고 성과를 이루는데 부응하는 노력이 필요하다. 그러면 투자에 비례하여 수익이 나기 마련이다. 눈치가 빠른 사람은 그 성과가 보물임을 바로 알 것이다.

한 가지 이익보다는 여러 가지 이익을 찾아라. 소수의 이익을 위해 헌신하는 것이 아니라 다수의 이익을 위해 봉사하며 이끌어 가라는 말이다. 리더가 되면 시간에 쫓길 수밖에 없다. 반드시 시간을 절약하여야 한다. 자신이 손에 쥘 수 있는 시간을 정말로 아끼고 아껴서 사용해라. 그리고 꼭 그 시간을 사용할 때에는 항상 시간 대비 수익을 생각해라. 그렇기 때문에 시간을 쓸 경우에는 꼭 한 가지 이익보다는 여러 가지 이익을 우선해야 한다.

개인의 브랜드는 혼자의 산물만이 아니다. 나 혼자 하지 말고 남과 함께 성과물을 만들어라. 성과물을 만드는 것은 나 혼자만이 할 수 없다. 나 혼자 하게 되면 그만큼 어려움이 뒤따른다. 남의 손을 빌리는 것 또한 투자이다. 자신의 가치를 높이기 위해서는 다른 사람에게 일임하는 요령도 필요하다. 모든 것은 시기를 놓치면 후회한다.

자신의 소질을 계발하는 것은 보물찾기하는 것과 같다. 보물은 다른 사람의 눈에 띄지 않는 곳에 숨겨놓기 때문이다. 자기가 가지고 있는 숨겨진 보물을 빨리 찾아야 한다. 보물은 언젠가 만천하에 드러날 것이다. 다만 중요한 것은 보물을 찾을 때처럼 포기하지 말고 행동해야 한다는 사실이다. 행동이란 다름 아닌 중도에 포기하지 않는 자기 계발과 상통한다.

자기 계발을 위한 투자는 자신의 가치와 이익을 극대화시킨다. 그리고 지속적인 변화를 통하여 발전할 수 있다. 변화는 성장의 발판임을 기억해야 한다. 이는 시류의 움직임에 민감해 하고 자신이 원하는 것이 무엇인지를 찾는 노력이 있어야 한다는 것이다. 급변하는 환경에 잘 적응하면서 민첩성을 기르는 것은 자기를 발전시키는 좋은 버팀목이 될 것이다.

적자생존의 기술

슬럼프에서 빨리 벗어나라

슬럼프는 누구에게나 찾아온다. 성공은 반드시 실패를 앞세우고 온다. 그렇기 때문에 작은 실패 앞에 포기하려는 유혹을 이겨내야만 성공의 맛을 볼 수 있다. 승자와 패자 사이에 징검다리 역할을 하는 것이 바로 슬럼프다.

슬럼프는 일반인보다는 시험을 앞둔 수험생에게 더 많이 찾아온다. 왜 그럴까? 어느 대학, 어느 학과에 합격하느냐에 따라 인생이 결정된다는 압박감 때문이다.

세상을 사는 것이 과정보다는 결과에 의해서 결정된다는 것은 한창 성장기에 있는 수험생의 마음을 조여오기 때문이다. 게다가 사회는 경쟁을 강요하니 자연스럽게 성공과 실패는 존립할 수밖에 없다. 중요한 것은 실패나 좌절의 순간에서 빨리 벗어나는 노

51

력을 해야 한다.

문제는 슬럼프에서 얼마나 빨리 벗어나느냐 하는 것이다. 슬럼프는 사람에 따라 오래 머무르기도 하고 빨리 달아나기도 한다. 작은 것 하나라도 정성을 다하는 노력과 시행착오를 거치고, 수정과 끊임없는 변화의 과정을 통해야 한다.

슬럼프를 극복하는 비결은 무엇일까? 슬럼프는 대부분 심리적 또는 정신적 요인에 많이 좌우된다. 슬럼프에 빠져 있다면 무엇보다 긍정적인 사고와 자신감을 회복해야 한다.

아니면 현실을 역으로 생각하여 슬럼프가 실제로 존재하지 않는다고 발상을 전환하는 것도 좋은 방법이 될 수 있다. "나는 정말 훌륭해. 잘 하고 있어. 나는 행복한 사람이야! 나는 모든 상황이 사막과 같지만 별을 볼 수 있어 즐거워, 그래 난 희망이 있어." 라고 말이다.

슬럼프에 빠져 있을 때는 당황하거나 달리지 말고 멈추는 것이 좋다. 어느 여론조사에 의하면 슬럼프 극복을 위한 방법으로 1위가 '일을 멈추고 아무것도 하지 않는다' 라는 결과가 나왔다.

자신이 극복하기 어려운 일이라면 주변의 도움을 받아라. 평소에 자신을 잘 알고 있는 지인으로부터 도움을 받는다면 슬럼프에서 빨리 벗어날 수 있다. 중요한 것은 자신을 믿고 의지하는 사람이어야 한다. 그래야 자신의 마음을 열 수 있으며 질문이나 피드백을 받아들일 때도 자존심이 상하지 않기 때문이다.

적자생존의 기술

슬럼프에 빠져 있는 사람이라면 의사 결정을 내릴 때보다 더 신중하게 생각해야 한다. 어려울 때 사람들은 악순환으로부터 고리를 깨고 싶은 유혹을 쉽게 받을 수 있다. 가령 쾌락에 탐닉하여 도피하려고 하거나 매너리즘에 빠져 자포자기할 수도 있다.

유혹이 아무리 강할지라도 스트레스를 받고 있는 동안에는 중요한 결정을 내리지 말아야 한다. 더더욱 도피나 자포자기해서는 안 된다. 슬럼프에 빠졌을 때 판단력은 평상시보다 흐려지기 때문이다.

슬럼프는 언제든, 누구에게든, 예고없이 찾아오는 달갑지 않은 불청객이다. 슬럼프에 빠져 있을 때에는 헤매지 말고 영화나 음악, 가까운 곳으로 여행을 떠나거나 머리를 식히는 것도 슬럼프를 빨리 극복할 수 있는 방법이다.

하루아침에 또는 며칠 내에 슬럼프를 극복해 버리겠다는 조급한 생각은 버려야 한다. 다시 말해 어느 때까지 슬럼프를 극복하리라고 기한을 정해서는 안 된다는 말이다. 이런 조급한 생각은 오히려 심적 압박만 가중시킬 뿐만 아니라 정한 기한 내에 슬럼프를 극복하지 못하면 좌절감만 더 키우게 된다.

슬럼프도 스트레스와 같이 '슬럼프의 문'을 닫은 사람에게는 절대로 들어오지 않는다. 자신감이 없으면, 겨울이 지나고 새봄이 돌아와도 슬럼프는 살아 있을 것이다. 슬럼프라는 긴 잠에서 깨어나 봄의 새싹처럼 활개를 치며 날아오르도록 하자.

매사에 타이밍이 중요하다

모든 일에는 '때'가 중요하다는 옛말이 있다. 어떤 문제나 상황에서 가장 합리적이고 탁월한 선택이 필요하다는 말로 해석된다. 일상 속에서 마주치는 의사 결정의 딜레마에 현명하게 대처하는 것이 성공적인 삶을 사는 첩경이다.

현대를 살아가는 우리들은 많은 고민과 갈등 속에서 하루하루를 살아가고 있다. 옆집과의 주차문제부터 시작하여 복잡한 인간관계에 이르기까지 여러 가지 문제들이 산재해 있다. 현대인을 둘러싼 크고 작은 문제들에 현명하게 처신하기 위해서 타이밍이라는 단어를 끌어오려고 한다.

타이밍이란 말은 중국 송대의 선종을 대표하는 벽암록에 나오는 '줄탁동시'라는 말에서 어원을 찾을 수 있다. 이 말은 새가 알

적자생존의 기술

에서 부화할 때 새끼가 안에서 톡톡 쪼는 행위와 어미가 밖에서 탁탁 쪼는 것이 동시에 일어날 때 비로소 두꺼운 알이 깨진다는 의미에서 유래되었다고 한다.

문제 해결에 타이밍은 매우 중요하다. 한 번 놓치면 다시 오지 않는 기회를 붙잡는 타이밍이야말로 바라는 일을 순조롭게 진행시키는 관건이 되기 때문이다. 그럼 어떻게 해야 적절한 타이밍을 맞힐 수 있을까?

인간이 사는 사회에서는 돈보다도 인간관계라는 기술이 더 필요하다. 인간관계의 기술에서 핵심은 타이밍이다. 그것은 다르게 표현하면 적당하고 적절한 시간에 행한 행위라고 할 수 있다. 행위의 전제는 적절하고도 적당한 시간에 있다.

일본의 기업인이자 인재육성 컨설턴트인 사카모토 아쓰코도 "사람들이 흔히 타이밍은 운이라거나 타고난 감각이라고 생각하지만 실제로 그렇지 않다."며 "오히려 타이밍은 철저한 기술이다."고 잘라 말했다.

타이밍을 포착하는 기술의 첫 단추는 가치관과 비전을 가지는 일이다. 어떤 행동을 할 때 '할 수 있을까', '없을까' 오래도록 고민하는 것은 결국 가치관과 비전이 부족한데서 비롯된다. 이를 위해 타이밍을 적기에 포착하는 적극성과 용기가 필요하다.

무엇보다도 가치관과 비전의 정립은 인생에서 맞닥뜨리는 수많은 순간을 세워준다. 자신과 상대방, 그리고 환경의 변화에 주의를 기울여 관찰하는 과정을 거쳐서 타이밍이라는 감각을 갖게 될 것이다.

최대의 효과를 높이기 위해서는 자신의 기술, 방법, 정보, 네트워크 등을 이용해서 자신이 선택한 타이밍에 적극적으로 행동해야 성공적인 타이밍을 만들어 낼 수 있다. 상황별 유용한 타이밍을 활용하여야 한다.

칭찬할 때 타이밍을 잘 맞히면 효과가 더 높아진다. 부하의 사기와 능력을 이끌어 내는 우수한 리더는 칭찬의 타이밍을 기가 막히게 맞춘다. '칭찬은 고래도 춤추게 한다'는 말이 있듯이 칭찬할 때 타이밍을 맞추지 못하면 하지 않은 것만 못하다.

최적의 칭찬 타이밍은 사소한 것이라도 좋은 결과가 나왔을 때 구체적으로 칭찬하고, 어떤 과정이 일단락됐을 때에는 그 과정 전체를 칭찬하면 더욱 효과적이다.

상대방의 목표를 벗어났거나 능력에 비해 낮은 목표에 만족할 때는 질책 타이밍이 필요하다. 하지만 타이밍이 어긋나면 상대방이 위축되거나 의욕을 상실할 수 있다. 따라서 질책은 상대를 잘 관찰해 타이밍을 잡아야 한다. 상대가 피곤하거나 힘들어할 때에는 피해야 한다. 무엇보다도 상대방이 받아들일 심신의 여유가 생겼을 때가 적기다.

사과 타이밍 역시 그렇다. 실수했을 때 바로 깨끗하게 사과하는 자세가 중요하다. 그 타이밍을 놓치면 상대와의 관계에 금이 갈

적자생존의 기술

수 있다. 사과의 타이밍은 더 이상 말할 것이 없이 즉시 행동하는 것이 좋다. 시간이 흐르면 흐를수록 어렵고 응어리만 남기 때문이다.

질투도 잘 쓰면 약이 된다. 질투라고 해서 다 나쁜 것은 아니다. 질투란 잘못 쓰면 독이 되기도 하지만, 잘 사용하면 삶의 윤활유가 될 수도 있다. 지금까지 당신이 가진 것의 반 이상은 당신의 질투심이 아니었으면 불가능했던 것들이다. 그 질투의 감정을 부정적이고 소모적인 곳에 쓸 것이 아니라 자기 스스로에게 동기부여할 수 있는 발전적인 방향으로 써야 한다.

세상에 노력 없이 그냥 얻어지는 것은 하나도 없다. 인간관계란 노력에서 얻어지는 열매이다. 매사에 타이밍보다 중요한 것이 없다. 오로지 철저히 자신을 훈련하여 타인의 필요에 반응하는 타이밍의 기술을 터득하라. 그러면 타이밍의 기술은 자신의 감각이었던 것처럼 익숙해져서 몸에 밸 것이다. 이제 타이밍을 잘 포착한 당신은 지혜로운 삶을 살아갈 수 있을 것이다.

제2부 승자로 살아가기 위한 시간관리 기술

시도하지 않고 포기하지 말라

경제 한파로 많은 사람들이 움츠리고 있다. 너나 할 것이 없이 사회 전반에 두려움이 바이러스처럼 번지고 있고, 사람들의 지갑은 날로 얇아지고 있다. 사람들의 어깨가 점점 위축되어 가고 있는 현실이다.

이러한 현실은 사람들의 마음마저 차갑고 외롭게 만들고 있다. 청년실업이 매일같이 도마 위에 오르고 사업의 포기를 넘어 심지어는 삶을 포기하고 있다는 기사가 톱뉴스로 첫 면을 도배하고 있는 실정이다.

이젠 우리는 포기라는 단어에 익숙해져 있는 상황이다. 경제적인 이유로든, 윤리적인 이유로든, 포기란 쉽게 있어서는 안 되는 일이지만 포기하는 상황을 쉽게 볼 수 있고 들을 수 있게 되었다.

적자생존의 기술

사회적인 현상인지 몰라도 아예 시도를 하지 않는 경우가 왕왕 발생하고 있다. 우리는 시도하기도 전에 포기하는 사람이 가장 어리석은 사람이라는 것을 잘 알고 있다. 우리는 그런 범주에 포함되어서는 안 될 일이다. 포기하지 않으면 무엇이든 반드시 이룰 수 있기 때문이다.

KFC, 켄터키 후라이드치킨 프랜차이즈의 창업 역시 그렇다. KFC가 탄생한 것은 우연이 아니다. KFC 창업주, 커널 할랜드 샌더스는 삯바느질하는 어머니 슬하에서 두 동생을 돌보았기에 고단함이란 끝이 없었다.

어렵게 초등학교를 졸업하고 막노동, 대장장이, 철도소방원 등을 전전하다가 29세 때 주유소를 차렸다. 한때 주유소를 차려 성업하였으나 대공황으로 망하고 말았다.

그러나 그는 절망하거나 쉽게 포기하지 않았다. '위기를 기회'로 삼고 2막 인생을 다시 시작했다. 눈물로 하루하루를 살아가면서 자신만의 특별한 닭튀김 기술과 압력, 요리비법을 다른 식당주인들에게 전수해 주는 프랜차이즈 사업을 시작하여 성공하였다.

지금도 70여 개 국가의 9,700여 개의 KFC 매장 입구에는 고단한 삶에 지쳤을 때 만난 그가 건네는 희망의 메시지가 살아 있다. '시도하지 않고 절대 포기하지 말라, 모든 것이 마음먹기에 달려 있다' 는 진리가 지금도 숨쉬고 있다.

생각의 차이가 절망을 넘는 희망을 만들어 낸다. '자살' 이라는

제2부 승자로 살아가기 위한 시간관리 기술

글자를 거꾸로 읽으면 '살자' 가 된다. 일본인 하루야마 시게요는 '좋다', '될 것이다', '할 수 있다' 라고 긍정적인 '플러스 발상' 을 계속하면, 뇌에 좋은 호르몬을 분비시켜 사람의 의욕을 고취시켜주고 인내력과 창의력이 강화되어 건강증진에 도움을 준다는 주장을 했다.

생각을 다르게 해 보자. 절대 포기하지 마라. 다시 시작하라. 넘어지는 것은 결코 수치가 아니다. 하지만 그 자리에 누워 불평하는 것은 오히려 수치가 될 수 있다. 일시적으로 실패하거나 위축되는 것은 점프를 위한 도움닫기로 생각해 보자.

성공은 우연히 이루어지지 않는다. 성공이란 어떤 목표를 향한 꾸준한 시도의 결과에서 탄생하는 보석과도 같다. 성공은 시도하지 않고는 절대 맛볼 수 없다. 우직하게 목표를 향해 나아갈 때 성공의 길은 가까워진다.

또한 성공은 관계를 통해 얻는 결과라는 것을 명심하자. 그래 다른 사람들과 접촉을 늘려 보자. 그것이야말로 인간을 성공으로 만드는 밑받침이 될 것이다. 사람에게는 받는 도전만큼 훌륭한 도전은 없다. 시도하자. 결코 절망하지 말고 성공의 길을 향해 한 걸음 한 걸음 나아가자.

적자생존의 기술

잠자는 시간을 잘 지켜라

수면도 일종의 습관이다. 일찍 일어나는 습관을 길러야 한다. 그러기 위해서는 일찍 잠을 자야 한다. 아침에 일찍 일어나서 하루 종일 기분이 좋게 보냈다면 80% 정도는 성공했다는 증거이다. 잠자는 시간을 잘 지켰기 때문이다.

늦게 잠을 자면 성장을 방해한다. 잠자는 시간은 성장과 깊은 관계가 있다. 정해진 시간에 잠자리에 드는 습관을 가지면 생체 리듬에 맞춰 뇌하수체에서 성장호르몬의 분비가 왕성해진다. 성장호르몬의 2/3는 밤사이에 뇌하수체에서 분비된다.

이 호르몬이 다시 다른 내분비선을 자극하는 촉진 성분을 관리하게 되어 아이의 성장과 신체 발달에 중요한 역할을 한다. 성장호르몬은 수면의 특정한 단계에서 생산된다. 잠이 들고 1~2시간 정도 지났을 때, 그리고 밤 12시 이전에 분비되기 때문에 늦게 잠을 자면 이 호르몬의 분비가 줄어들게 된다. 성장호르몬이 분비가 줄어들고 지방 축적을 촉진하는 부신피질호르몬의 분비량이 증가하게 되어 비만 발생률이 높아진다.

충분한 잠을 자지 못하면 정서에도 많은 영향을 준다. 집중력도 떨어지고, 정서가 불안해진다. 또 세로토닌이라는 물질이 분비되지 않는다. 세로토닌은 수명이나 기억, 식욕 조절에 관여하며 인간의 몸과 정신에 활력을 불어넣어 주는 기능을 한다.

그래서 세로토닌을 행복호르몬이라고도 부른다. 이 호르몬이 부족하게 되면 우울증에 걸리기 쉽고, 자극이나 통증에 민감해진다. 우울증 환자에게 세로토닌을 증가시키는 약을 처방하는 것도 이 때문이다.

우리가 살아가는 환경인 자연에는 리듬이 있다. 이 리듬을 잘 유지되어야 건강한 생활을 할 수 있다. 그중에서도 우리가 분명히 느낄 수 있는 신체리듬이 바로 잠이다. 사람이 낮에 깨고 밤에 자는 것은 낮과 밤이라는 자연의 주기와 리듬에 우리 몸이 맞추어져 있기 때문이다.

이 리듬이 깨질 때 가장 먼저 나타나는 증상이 불면증이다. 몸이 아파도 불면증이 오면 심리적으로나 환경적으로 문제가 있어도 불면증이 온다. 잠은 사람에게 가장 기본적인 휴식의 시간을 제공한다. 체력을 축적할 수 있는 에너지의 공급도 바로 잠을 통

적자생존의 기술

해서 이루어지기 때문이다.

교실에서 잠자는 학생들이 늘고 있다. 보통 절반 이상의 학생들이 교사가 수업을 실시한 지 20여 분도 넘기지 못하고 잠을 잔다. 강의 내용하고는 상관없이 학생들에게는 '자장가' 소리로 듣는다. 심지어는 교실에선 술 취한 사람들처럼 곯아떨어지는 학생도 있다. 강의 내용이 재미가 없어서 그럴까, 아니면 학원에서 선행학습을 해서 흥미를 잃었기 때문일까?

원인은 여기에 있다. 학생이 잠자는 시간을 잘 지키지 않았기 때문이다. 밤늦게까지 컴퓨터를 한다든지, 충분한 잠을 자지 않았기 때문이다. 사람은 하루에 6시간 이상의 수면이 필요하다.

이러한 시간은 우리의 뇌가 기억을 정리하고 학습한 것을 정착시키는데 최적의 시간이다. 뇌에는 '기억의 공장'에 해당하는 '해마'가 있다는 사실을 기억하자. 오감을 통해 뇌로 입력된 정보는 여기서 일시적으로 보관된다. 수면시간은 일종의 습관이다. 잠자는 시간을 잘 지켜 행복한 내일을 기약하자.

제2부 승자로 살아가기 위한 시간관리 기술

숨어 있는 달란트를 깨워라

달란트라 하면 흔히 그 사람의 재능이나 소질이라고 막연하게 생각하는 경향이 있다. 자신의 능력을 최대한 계발하는 것이 달란트라고 생각하는 것은 편협한 의미이다.

진정한 달란트의 의미는 자기에게 주어진 재능과 소질을 자기 안에서만 담아두는 것이 아니라 그것을 가지고 더 크게 발전시키는 동시에 그만큼을 이웃에게 베푸는 것을 말한다. 달란트를 어떻게 사용할 것인가는 이웃을 사랑하고 진리 안에 깨어 있느냐의 문제다.

사람은 자기 특유의 천부적인 달란트를 가지고 태어난다. 누구나 꼭 한 가지 달란트를 가지고 태어난다. 사람이 태어나서 성공하느냐, 실패하느냐는 숨어 있는 달란트를 언제 발굴하느냐에 따

적자생존의 기술

라 인생이 달라질 수 있다. 그래 누구라도 숨어 있는 달란트를 하루 빨리 깨워야 한다.

"나는 본래 재능이 없어, 아무리 노력을 해도 그 일을 할 수 없어! 그건 머리 좋은 사람이나 할 수 있어." 등으로 자기 자신을 비하하거나 일찌감치 자포자기하는 것은 바람직하지 않은 행동이다. 자신만이 가진 달란트를 소중히 여기고 숨어 있는 달란트를 찾는 노력이 필요하다.

달란트하면 많이 비유되는 이야기가 있다. 어느 주인이 멀리 여행을 떠나면서 종에게 각각 다른 달란트를 주었다고 한다. 주인은 각자의 종이 가진 달란트가 다르다는 것을 알고 있었고, 어느 정도를 종에게 맡길 것인가에 대해 염두에 두고 있었다.

주인의 명에 따라 어떤 종은 자신에게 주어진 달란트를 적극 활용한 반면, 다른 종은 자신의 달란트를 불신하여 하나도 사용하지 않았다. 똑같은 달란트를 주인으로부터 받았지만 그들의 결과는 차이가 분명했다. 순응한 종은 주인으로부터 더 많은 신뢰를 받게 되었고, 불신한 종은 그가 가지고 있는 달란트마저 뺏기고 말았다는 이야기다.

달란트의 시초는 국조보감에 나오는 '돌잡이' 란 기록에서 찾을 수 있는데 거기에서 우리 조상들의 슬기로운 지혜를 엿볼 수 있다. 돌잡이란 돌장이 앞에서 자기 마음대로 가지고 싶은 물건을 잡는 아기를 보고 그 아이의 미래를 점치는 돌잔치의 가장 흥미

65

있는 우리나라 고유의 행사 중에 하나이다.

돌상 앞에 무명 피륙 한 필을 접어서 깔아놓거나 포대기를 접어서 깔고 그 위에 아이를 앉혀놓고 아버지가 돌잡이가 되어 아이로 하여금 쌀, 붓, 책, 활, 돈 등을 마음대로 골라잡게 하여 그 아이의 장래를 점치는 것이다.

쌀을 잡으면 평생 동안 걱정 하나 없는 유복한 재산가가 되고, 붓이나 책, 그리고 연필을 잡으면 문장가가 되거나 공부를 잘하고, 대추를 잡으면 자손이 번성하고, 바늘이나 길이를 측정하는 자를 잡으면 손재주가 뛰어난 사람이 된다는 것으로 조상들은 아이의 달란트를 믿어왔다.

그러나 현대 부모들은 돌잡이 용품에서도 톡톡 튀는 아이디어로 다양화하고 있다. 박찬호처럼 야구를 잘하라는 의미로 야구공을, 빌게이츠 같은 유명한 프로그래머가 되기를 바라는 마음에서 마우스나, 아니면 사진기, 골프공 같은 것을 내놓아 아기가 성인이 되었을 때 부모가 원하고 바라는 직업을 연상하는 소품을 올려놓기도 한다.

누구나 사람은 그 사람만이 가지는 독특한 달란트를 갖고 태어난다. 태어날 때 부모로 받은 자신의 달란트를 부단하게 찾아내고 열심히 사용하지 못하면 그냥 묻혀버리고 만다. 많은 사람들은 자신이 어떤 달란트를 갖고 있는지조차도 모르고 살아가는 것이 문제다.

적자생존의 기술

에디슨 스스로가 위대한 발명의 업적은 3%의 천부적 재능과 97%의 노력의 결과라고 말한 것은 모두가 잘 알고 있는 사실이다. 사람이 성공하기 위해서는 인간이 가진 재능뿐만 아니라 무엇보다도 결실을 맺기 위해서는 그만큼 노력이 필요하다는 것이다.

아무리 뛰어난 재능과 소질을 가졌다 하더라도 자신감을 잃고 어려움 앞에서 쉽게 좌절하고 포기한다면 그 사람의 재능은 완전히 발휘하지 못할 것이다. 그러나 작은 재능이라도 에디슨처럼 꾸준한 노력을 한다면 좋은 결실을 얻을 수 있다.

자신만의 독특한 달란트가 잠자고 있다. 보석보다 더 귀하고 아름다운 달란트가 당신의 품안에서 숨쉬고 있다. 자신이 어떤 모습의 달란트를 가지고 있는지 생각해 본 적이 있는가? 숨어 있는 달란트를 하루 빨리 찾아내어 아름다운 인생을 만들어 보자.

제2부 승자로 살아가기 위한 시간관리 기술

'우직지계'의 교훈으로 살아라

인생은 먼 길을 가는 여정이다. 여행처럼 짧게 떠난 후에 돌아오는 것이 아니다. 너무 조급하게 서둘 필요가 없다. 때로는 알면서도 먼 길로 돌아가야 할 때가 있다. 이것이 인생이다. 이런 우회의 논리는 현대 중국인의 마인드에 많이 남아 있다. 중국의 외교 전술이나 무역, 경제활동 등에서 자주 사용되는 것이 '우회의 전술'이다.

직접적이고 즉흥적인 대응은 가능한 자제해야 한다. 상대방에게 반발과 분노를 살 수 있기 때문이다. 다양한 비유와 암시 등을 통하여 상대방이 스스로 알아차리게 하는 것이 설득의 가장 중요한 방법이다.

손자병법에 '우직지계'란 말이 있다. '우'는 우회한다는 의미

적자생존의 기술

고, '직' 은 직선거리로 간다는 뜻이다. 당연히 우회하는 것이 직선으로 가는 것보다는 멀다. 그러나 사노라면 우회하는 것이 직선으로 가는 것보다 목적지에 빨리 도착할 수도 있다는 말이 '우직지계' 에 담겨진 의미이다.

전쟁을 하기에 앞서 적보다 유리한 조건을 차지하기 위해서는 전쟁터에 먼저 도착하는 것이 전쟁에서 승리할 수 있는 유일한 길이다. 병력을 직선으로 이동하면 적군으로부터 노출되어 전략이 사전에 알려지기 때문이다.

'인간만사 새옹지마' 라는 말이 있다. 『회남자』에 나오는 이야기다. 옛날 중국 북방 변방에 있는 요새 근처에 한 노옹이 살고 있었다고 한다. 어느 날 이 늙은이 말이 달아났다. 마을 사람들은 말을 잃어버린 늙은이에게로 와서 위로의 말을 했다. 그러나 이상하게도 노옹은 전혀 슬픈 기색 없이 태연하게 말했다.

"아니오, 누가 알겠소? 내가 말을 잃어버린 일이 복이 될지?"

몇 달이 지난 어느 날 집 나간 말이 짝을 찾아 준마를 데리고 돌아왔다. 마을 사람들은 축하의 말을 건넸다. 그러나 노옹은 기쁜 기색도 없이,

"아니오, 누가 알겠소? 들어온 말이 화가 될지?"

그러던 어느 날, 노옹의 아들이 그 준마를 타다가 떨어져 다리가 부러졌다. 마을 사람들이 모두 위로하자 노옹은 조금도 슬픈 기색 없이 또 태연하게 말했다.

제2부 승자로 살아가기 위한 시간관리 기술

"아니오, 누가 알겠소? 내 아들이 말에서 떨어져 다리가 부러진 것이 복이 될지?"

그로부터 1년이 지난 어느 날 외적이 국경을 침입하였다. 마을 장정들은 전쟁에 나가 싸우다가 모두 전사했다. 그러나 노옹의 아들만은 절름발이였기 때문에 징집에서 벗어날 수 있었고, 결국 그 마을에서 그 절름발이 청년만 무사했다. 그 뒤로 살아남은 젊은이가 행복했는지, 불행했는지는 모른다. 적어도 우리에게 다가오는 변화무쌍한 상황에 대하여 쉽게 판단할 일은 아니라는 메시지와 교훈을 주는 이야기이다.

'천리길도 한 걸음부터' 라는 말이 있다. 정주영의 〈부자 되는 비결〉은 '한 걸음 한 걸음 서두르지 않고 확실하게 내디디면서 정상에 먼저 도달하는 등산가의 그것과 같다' 고 했다. 이것이 바로 손자병법의 우직지계와 일맥상통하는 말이다.

험한 벼랑 같은 길은 우회해서 가는 것이 목적지에 더 빨리 다다를 수 있다는 의미가 함축되어 있다. 무슨 일이든 급하게 하면 문제가 생기고, 산을 빨리 오르려고 정상만 바라보며 걷다 보면 돌부리에 걸려 넘어지거나 숨이 차서 지치게 마련이다. 너무 서두르지 말라는 의미이다.

인생이란 거대한 회계장부를 마지막으로 결산해 보면 남보다 우회하고 늦은 사람이 더 행복한 삶을 살 수 있다. 우직지계는 인생의 항로를 발견하고 상대방을 설득하는 데서 의미를 재발견할

적자생존의 기술

수 있다. 지금 당장은 우회하는 것이 먼 것처럼 느껴지지만 결국
은 목적지에 빨리 도착할 수 있을 것이다. 우직지계의 교훈처럼
크게 생각하고 멀리 보자.

제2부 승자로 살아가기 위한 시간관리 기술

우선순위에 따라 일을 하라

모든 사람에게 하루는 24시간 똑같이 주어진다. 그러나 주어진 시간을 활용하는 방법은 천차만별이다. 어느 사람은 하루가 지루하게 느껴지는가 하면, 어떤 사람은 짧게 하루를 보낸다. 시간을 어떻게 활용하느냐에 따라 달라진다.

성공한 사람들은 대다수가 성공비법으로 시간관리를 으뜸으로 꼽는다. 그래서 몇 년 전부터 시간을 효율적으로 활용함을 가리키는 '시테크' 라는 말까지 생겨났다.

중요한 것은 먼저 처리해야 한다. 우선순위를 정하는 시간을 갖자. 중요한 일에 많은 시간을 투자하고 그렇지 않은 일에 적은 시간을 할애하는 것이 기본이다. 때로 시간이 너무 부족할 경우에는 별로 중요하지 않은 일을 과감히 포기하라. 이렇게 적당히 분

적자생존의 기술

배하려면 일의 우선순위를 정하는 것이 필요하다.

하루에 10분 정도는 일의 중요도에 따라 시간을 분배하는 시간을 갖는 것도 좋은 방법이 될 수 있다. 이런 시간은 굳이 따로 낼 필요가 없다. 아침에 막 일어났을 때나 잠자기 전에 시간을 활용하면 된다. 하루 일과를 머릿속에 생각하면서 어떤 일을 해야 하는지 정리하면 된다.

무엇이든 미루지 말고 바로 시작하라. 시간을 활용하는 것도 일종의 습관이다. 시간을 잘 활용하지 못하는 사람들은 대부분 결심하고 계획하는데 많은 시간을 낭비한다. 그러다 보면 정작 그것을 실천할 시간이 줄어든다.

또한 계획표대로 실천하자니 귀찮고 힘들어서 실천을 계속 뒤로 미루는 사람들이 대부분이다. 이런 것은 시간 활용에 있어서 최대의 적이다. 무엇이든 계획하고 결심했다면 그것을 결심한 순간 바로 실천하도록 하라. 부지런함이 습관이 되면 시간을 낭비하는 일은 자연히 줄어들게 된다.

계획표를 세우고 꼼꼼히 체크하라. 계획표는 나침판 역할을 하여 시간 낭비를 막아준다. 계획표는 실천 가능한 일일, 주간, 월간, 연간 계획표를 세우되 가장 장기적인 계획부터 세워야 한다.

그러나 계획표를 만드는 것보다는 그 계획을 잘 실천했는지 확인하는 것이 더 중요하다. 하루 일과를 마무리하면서 계획표를 확인하고 그대로 실천했는지, 아닌지를 체크해야 한다. 이런 시

73

간을 통해 얼마나 시간을 잘 활용하고 있는가를 스스로 점검할
수 있다.

휴식을 위한 시간도 필요하다. 보통 사람들은 시간을 잘 사용하
는 방법은 놀지 않는 것이라고 생각하기 쉽다. 그러나 그것은 잘
못된 생각이다. 사람은 기계가 아니다. 많은 일을 하기에는 정신
적으로도 신체적으로도 한계가 오기 마련이다.

짧은 시간이라도 활용하기 나름이다. 잠깐 낮잠을 자는 것도 좋
은 방법이다. 10~20분 사이의 짧은 낮잠은 일의 능률을 높여주어
다음 계획에 잡힌 일을 훨씬 능동적으로 처리할 수 있도록 해 준
다. 또 책이나 신문을 읽어 새로운 아이디어를 창출하거나 빠르
게 변화하는 시대에 대처할 수 있는 능력을 키울 수 있을 것이다.

휴식도 과업 이상으로 중요하다. 계획표를 세울 때에는 미리 일
주일 전이라도 하루 또는 몇 시간을 제대로 쉴 것인지 생각해 두
는 것이 바람직하다. 건전한 휴식을 통하여 육체적인 스트레스를
풀 수 있고 집중력 부족으로 시간을 낭비하는 일이 적어진다.

무엇보다도 휴식은 과업의 우선순위를 고려할 수 있는 시간인
동시에, 몸의 기력을 쇄신할 수 있는 시간이 된다. 결국 휴식을 통
해 과업의 진전을 가져올 것이며 과업의 수행 중에도 우선순위를
파악할 수 있는 여유를 잃지 않을 것이다.

적자생존의 기술

제로베이스에서 시작하라

인간의 맹점이 하나 있다. 그것은 추억에 빠져서 과거지향적으로 변한다거나 문제를 해결하려고 할 때면 과거의 문제로 돌아가려는 속성이 있다는 것이다. 추억이란 그 자체로 아름답지만 심각한 문제를 해결하려고 할 때 과거를 거쳐 평정을 모색하려 한다면 실패로 끝나 좌절에 빠지기 쉽다.

이때 우리에게 유용한 것이 있다. 제로베이스에서 시작하는 것이다. 즉, 원점에서 다시 출발한다는 말이다. 여기에서 '매몰비용'이라는 말에 주의를 기울여 보자. 매몰비용이란 투자는 했는데 회수할 수 없는 돈을 말한다. 많은 사람들은 매몰비용을 생각하면서 살아가고 있다. 말하자면 잃어버린 시간의 가치를 중시하여 현재를 제대로 보지 못하고 있다. 이는 인간의 삶이 유한한 시간으로 구성되어 있고, 시간의 적절한 활용이 경쟁력이라는 것을 생각할 때 시간 낭비로 끝날 수 있다는 말이다.

우리의 시간은 현재 이 지점에서 기준을 잡아야 한다. 만약 당신이 만성적인 적자에 빠져 있다거나 정체상태에 있다면 그것을 해결하기 위해 과거의 비용을 매몰비용으로 판단하고 현재를 기준으로 의사 결정을 하라는 것이다. 당신의 문제가 예산과 관련된 것이라면 원점에서 다시 검토하여 결정하라는 말일 수 있다.

어떤 표현이든 원점이라는 말이 중요하다. 인간은 지나간 것의 비용을 크게 생각하고 앞으로의 것을 소홀하게 생각하는 경향이 있다. 사람들은 매몰비용에 집착하는 편이다. 시간 경영에서 중요한 것은 현재이며, 더 중요한 것은 현재의 행위로 말미암은 현재수익 내지 기대수익이라고 할 수 있다. 과거에 지불(경험)한 비용(사건)을 전적인 판단의 기준으로 잡는다면 올바른 판단을 할 수가 없다. 과거란 감정의 영역이다.

가족이나 친구들과 함께 영화관에 갔다고 생각해 보자. 본인이 원하는 영화는 매진되어 아무 영화를 보는 경우가 생길 수 있다. 그러나 몇 분도 안 되어 실망을 하게 되고 지불한 돈이 아까워서 영화가 끝날 때까지 좌석에 앉아 있는 경우가 있다.

어떤 사람들은 이것이 현명한 대처라고 말할지도 모른다. 과거에 지불한 돈이 아까워서 시간을 쓰라거나 어떤 것이든 손해될 것은 없다는 식으로 말이다. 하지만 경제학적 입장에서 보면 그

적자생존의 기술

것은 바른 행동이 아니다.

이미 지불한 비용에 집착한 나머지 그 영화를 포기함으로써 얻을 다른 가치에 대해서는 생각하지 못한 것이다. 더 좋은 다른 영화를 선정하여 얻을 효용을 무시했기 때문이다.

인생에서 기회는 누구에게나 있다. 몇 번 되는 기회를 놓치는 사람도 있고, 한 번의 기회를 잡는 사람도 있다. 어떤 사람이 간절히 원하는 직업을 갖기 위해서 여러 번의 시험을 치르다 포기하고 그만두었다면 다음 기회에 될 수 있는 기회를 포기한 것이 되고야 만다.

포기하지 않고 다음 기회에 합격하였다면 그는 정녕 성공한 사람이다. 이는 매번의 실패를 경험하고 나서 발생할 수 있는 좌절감을 극복하기 위해서 처음 시작하는 것처럼 마음을 가다듬고 다져서 다시 도전하라는 말이다.

곧 제로베이스에서 시작하라는 것이다. 실패에 얽매이지 말고, 실패를 거울삼아 제로베이스에서 다시 도전하라. 마치 한 우물을 파려고 작정한 사람처럼 말이다.

제로베이스에서 시작하라는 말은 과거에 지불한 비용이나 당신을 힘들게 하는 것에 대한 것들을 매몰비용으로 생각하고 다시 시작하라는 말이다. 이럴 때 무엇보다 중요한 것은 감정을 절제하고 이성적으로 판단하며 행동하려는 노력이다.

제로베이스에서 시작하면 당신은 지금 당장 해야 할 일들을 찾

제2부 승자로 살아가기 위한 시간관리 기술

을 수 있을 것이다. 과거의 것들에 대해서는 생각하지 않은 채 미래에 대한 적절한 계획을 작성하면 실패의 확률은 최소한으로 줄어들 것이다. 그러면서 에너지를 최소한 소진하면서도 힘 있는 에너지를 발산할 수 있을 것이다. 당신의 현재 시간은 바로 '0시'임을 명심하라.

적자생존의 기술

성공을 부르는 인맥관리 기술

To be or Not to be

적게 말하고 많이 들어라

인간관계의 핵심은 바로 대화이다. 대화는 상대방에게 자신의 의사를 가장 간편하고도 명확하게 전달하는 의사소통의 방법이자 상대방과 보다 좋은 관계를 맺는 수단이기에 우리는 대화를 떠나서는 절대 살 수 없다.

누군가가 있다고 해서 대화가 일어나는 것은 아니다. 대화의 마음가짐이나 행동이 진정한 대화를 결정하는 요소이다. 또 소통이 있어야만 대화의 진정한 의미가 담겨 있다.

대화를 할 때는 상대방의 입장에서 생각하는 자세가 선행하면서 상대가 누구이든 이해하고 다가가려는 자세가 전제되어야 한다. 그럴 때만이 오고 가는 소통이 있고 대화가 성립되기 때문이다.

대화할 때에는 상대의 의견을 존중하고 수용하려는 태도를 보

적자생존의 기술

여주어야 한다. 상대방의 말이 마음에 들지 않거나 받아들일 수 없는 것이라 할지라도 딴청을 부린다거나 비아냥거리는 행동은 바람직하지 않은 태도다.

좋은 대화를 하기 위해서는 아래와 같이 3가지 규칙이 있다. 소위 올바른 대화법이라고 하는데 잘 지켜야 한다.

혼자서 대화를 독점하지 않는다.
의견을 제시할 때는 상대방에게 반론의 기회를 준다.
상대방의 말에 끝까지 경청한다.

상대방의 기분이나 상황을 고려하지 않고 일방적으로 밀어붙이는 것은 예의에 어긋나는 행동이다. 급히 서두른다고 많은 내용을 전달하는 것은 아니다. 상대방이 알아듣도록 차분하게 설명하면서 이야기하는 것이 올바른 대화 방법이다.

적게 말하고 많이 들어야 한다. 소위, '123화법'을 활용해 봐라. 자기가 하고 싶은 말은 1분만 하고, 2분 동안 상대방의 말을 들어주고, 상대방의 말에 3번 맞장구 쳐주자. 곧 자신의 의사를 정확히 전달하는 것도 중요하지만 남의 말을 잘 듣는 것이 우선임을 강조한 말이다.

말을 잘 하는 사람은 남의 말을 잘 듣는 사람이다. 인간성이나 평판이 좋은 사람들을 보면 대개 말수가 적고, 상대편보다 나중에

제3부 성공을 부르는 인맥관리 기술

이야기한다. 적극적으로 다른 사람의 말에 귀를 기울여야 한다.

사람은 자신을 칭찬하는 사람을 칭찬하고 싶어지는 것이 인지상정이다. 칭찬 이상으로 공감하고 긍정하는 것이 더 중요하다. 공감을 하기 위해서는 상대방이 느끼는 기분이나 감정을 이해하는 것과 그 이해하는 바를 말로 받아들이는 것이 필요하다. "요즘 사업하기 너무 힘들어."라는 말을 들으면 "정말 힘이 드시겠군요." 하고 맞장구를 쳐준다. 사람은 자신의 희로애락에 대한 상대의 반응으로 인해서 안정감과 친근감을 느낀다.

'긍정의 기술'도 필요하다. "얼굴이 왜 그렇게 안 좋아요?" 하는 것보다는 "요즘 바쁘신가 봐요. 역시 능력 있는 분은 뭔가 다르군요."라고 말해 주는 편이 훨씬 좋다. 상대방에게 맞장구를 쳐주고 의견을 제시해 주면 상대방으로 하여금 자신의 말을 경청하고 있다는 것을 보여주기 때문이다.

'말은 삶의 시작이다'라고 했다. 우리의 삶이란 말, 곧 대화에서 시작되고 거기에서 함께 사는 공존이 발생한다. 대인관계의 문제는 의사소통의 문제다. 당신의 대인관계가 문제가 있다면 대화의 방식을 바꿔 보는 것은 급선무다. 그리고 대화의 자세와 마음가짐을 바꾼다면 당신의 인생도 몰라보게 좋아질 것이다.

적자생존의 기술

폭넓게 인맥을 형성하라

경제난으로 모두가 어렵게 살아가고 있다. 모두가 어렵다고 아우성이다. 살아가는 방도를 찾기 위해 기업이든 개인이든 동분서주하고 있다. 그런 중에 관계라든가 인맥의 중요성은 더욱 커져가고 있다. 비근한 예로 시장이나 상점에서 물건을 사면 그 값어치에 비례하는 포인트를 적립해 주는 것이 일상화되었다. 이것은 인맥을 형성하기 위한 기초적인 단계라고 말할 수 있다.

동네 미용실은 물론, 화장품 가게까지 제 나름대로 마일리지 카드를 만들어 고객을 유치하고 고객과의 관계를 지속적으로 확보하고 있다.

이러한 것은 하나에 상술에 불과하다고 말할 수 있지만, 상대방인 고객을 내 편으로 만들기 위한 하나의 방법이 될 수 있을 것이다. 고객과 판매자는 이런 것을 매개로 한 친밀한 인간관계가 형성되기 시작한다.

또 판매자의 입장에서는 고객과의 관계를 지속적으로 유지시킬 수 있는 마케팅이 필요하기 때문에 마일리지제도는 한 방편이 된다. 그렇다고 마일리지 적립이 판매를 늘리기 위한 전부이자 최고라고 생각해서는 안 된다.

보다 중요한 것은 품질과 사람의 마음을 움직일 수 있는 서비스가 바탕이 되어야 하기 때문이다. 만약 품질과 서비스와 마일리지가 한 몸이 된다면 구매량이나 이용 건수가 높아지는 것은 분명한 사실이다.

상대방을 내 편으로 만드는 것을 이기적으로 생각할 필요는 없다. 인간은 관계를 통해서 성장과 변화를 거듭한다. 지금까지 이어온 제한된 인간관계는 상대방이 나에게 다가오기를 바라는 수동적인 행동에 기인한 것으로 폭넓은 인맥을 형성하기가 어렵다.

한마디로 상대방을 내 편으로 만들어 폭넓은 인맥을 형성하여야 한다. 인맥에는 '배증의 법칙' 이 적용된다고 하겠다. 1명과 관계를 맺으면 2명이 아니면 그 이상의 사람들과의 관계를 맺게 되어 어느 순간에는 폭발적인 관계망을 유지하는 법칙을 말한다.

인간관계의 달인, 마당발의 달인이라고 일컬어지는 박경림 씨의 예를 들어 보자. 그는 자신의 결혼식에 연예계를 넘어 히딩크 전 한국 월드컵 축구감독, 정몽준 의원, 현직 대통령까지 초대할

정도로 인맥이 넓게 형성되었다. 그녀만의 관계맺기 노하우는
바로 사람에 대한 사랑과 열정, 그리고 진심이 숨어 있기 때문이
었다.

상대방을 내 편으로 어떻게 만들 수 있나? 영향력이 있는 사람
을 찾아라. 대인관계를 좋게 한다고 아무나 사귀어선 전혀 도움
이 되지 않는다. 다방면의 사람과 만나는 것이 인맥 형성에 도움
이 된다.

앨빈 토플러도 다양한 환경에서 성장한 친구를 사귈 것을 강조
하였다. 인맥은 본인의 관점에 따라야겠지만 그러더라도 자신의
좁은 시야에서 벗어나 다방면의 사람들과 사귀는 것이 손해 볼
일은 아니다.

삼고초려라는 고사성어를 생각해 보자. 삼국시대, 촉한의 유비
는 난양에 은거하고 있던 제갈량의 초옥으로 세 번이나 찾아갔
다. 그는 제갈량이나 둘도 없는 동지를 두었다. 유비는 제갈량을
제 편으로 만든 것이 된다.

상대방을 내 편으로 만들기 위해서는 노력과 끈기, 인품과 인간
적 매력이 있어야 한다. 복잡하게 생각할 필요가 없이 상대방을
존중하고 공감할 줄 아는 능력이 상대방을 내 편으로 만들기 위
한 방법이다.

본인이 알고 있는 사람은 지식이나 모든 것이 한정되어 있지만,
영향력이 있는 사람은 평범한 사람보다 인맥관리 방법이라든가,

제3부 성공을 부르는 인맥관리 기술

성공의 노하우가 다르다. 이렇게 보면 인맥은 자신과 동등하거나 영향력이 있는 사람을 향하고 있다. 유비가 왜 제갈량을 제 편으로 만들려고 했을까. 그는 영향력이 있는 사람으로서 그의 전략은 백전백승을 가져올 거라고 믿었기 때문이다.

동일한 취미를 갖고 있거나 뜻이 같은 사람들이 모이는 동우회 등을 통하여 색다른 사람들과 만나는 것도 인간관계를 넓힐 수 있는 최적의 공간이 된다. 미래 사회는 능력만으로 원만한 대인관계를 형성할 수 없다. 그의 내면과 외면에서 풍기는 인간적인 매력이 있어야 한다. 능력은 일의 성취와 관련되지만 매력은 일의 진전을 의미한다.

능력과 매력 모두 있다면 좋겠지만 둘 중의 어느 하나라면 매력은 현대인에게 필수적인 덕목이다. 또한 매력은 능력을 포괄하는 것이니 만큼 매력 있는 사람이라면 능력 있는 사람일 가능성이 높다. 그리고 폭넓게 인맥을 형성하는 사람들의 공통점은 어느 누구와도 친구가 될 수 있는 좋은 성격의 소유자임을 알 수 있다. 훌륭한 성격은 바로 폭넓은 인맥을 형성하는데 기초가 될 것이다.

배려하는 마음을 가져라

인간의 삶은 관계에서 시작하여 관계로 끝난다. 관계의 틀 안에서 인간은 성장과 변화를 거듭한다. 그 과정을 거치면서 관계의 성패가 있게 되고 행복과 성공에서 득실의 차이가 있게 된다.

과연 행복과 성공을 가져오는 열쇠는 무엇일까? 그 열쇠를 흔히 미덕이라고 한다. 미덕은 나를 살리고, 우리를 살린다. 미덕은 다름 아닌 배려라고 하겠다. 관계의 원리는 다름 아닌 배려이다.

배려는 한마디로 '남을 도와주거나 보살피려고 마음을 쓰는 것' 이다. 배려는 억지로 하는 것이 아니라 생활화된 자세에서 나온다. 그래서 배려는 습득된 것이어야 하고, 인격으로 보이는 어떤 태도여야 한다.

서양에서는 황금률이라는 것이 있다. "다른 사람이 네게 해 주

제3부 성공을 부르는 인맥관리 기술

기를 바라는 대로 너도 다른 이에게 행하라." 이것은 한마디로 배려의 자세를 보여주고 있다. 어찌 보면 황금률은 이기적인 원칙처럼 보이지만, 잘 음미해 보면 아니라는 것을 알 수 있다.

결국은 다른 사람을 위한 것이 나를 위한 것임을 알게 된다. 여기서 발생하는 것은 공존이다. 그 누구도 혼자 살 수 없는 것이다. 공동체는 바로 남을 생각하는 배려에서 싹튼다.

그리고 배려는 하나의 태도에서 우러나는 예의이기도 하다. 말이나 행동을 함에 있어서 상대방의 입장에서 생각하고 말하거나 행동하는 것이다.

예의 바른 태도는 그 사람이 지닌 능력 이상으로 강한 영향력을 가진다. 억지로 꾸미지 않더라도 그 사람에게서 풍기는 배려는 말하지 않더라도 큰 힘을 발휘한다.

우리 속담에 '옷깃만 스쳐도 인연'이라는 말이 있다. 이 속담은 짧은 만남일지라도 상대방에게 정성을 다하는 모습을 그리고 있다. 한마디로 우리의 전통적인 배려의 문화가 오롯이 담겨 있다. 요즘 세상은 '옷깃만 스쳐도 불신' 혹은 '옷깃만 스쳐도 시비'가 팽배한 세태란다. 그만큼 현대인에게서 배려가 실종된 지 오래되었다.

현대인은 자기를 이롭게 하는 풍조에 익숙해졌을까. 한마디로 이기주의, 지역주의 문화가 곳곳에 숨어 있다. 어떻게 보면 배려에는 '남을 이롭게 함은 곧 자기를 이롭게 함과 같다'는 의미가

적자생존의 기술

있다. 상대의 호의를 가져오는 것도 나에게서 비롯한 것이고, 즐거움이라든가 행복도 결국은 나에게서 비롯되는 것이다.

진정한 즐거움은 배려에서 시작하는 것이 아닐까. 배려 사이에 있는 사람들에게 이 세상을 사는 것은 즐거운 일이다. 타인이 있기에 나의 즐거움은 커질 수 있는 것이고, 나의 즐거움이 있기에 타인도 즐거울 수 있는 일이다. 배려는 남을 생각하고 아껴줄 수 있는 마음은 인격자가 갖추어야 할 미덕 중의 하나다. 그럼에도 남을 생각하고 상대방을 배려한다는 것은 그리 쉬운 일은 아니다.

고슴도치의 사랑 이야기다. 어느 동물 왕국에서 앞뒷집에 사는 총각 고슴도치와 처녀 고슴도치가 서로 사랑하게 되었다. 어느 날 어두운 밤중에 두 고슴도치가 남몰래 만나 서로 사랑을 고백하고 결혼해서 함께 살기로 굳게 약속을 했다.

이 젊은 한 쌍의 고슴도치는 밤새도록 키스도 하고 사랑을 나누었다. 그들은 너무나 흥분한 나머지 상대방 고슴도치의 몸에 나 있는 침에 찔려 상처가 나는 것도 몰랐다.

두 고슴도치는 서로 헤어져 집에 돌아와서야 온몸에 상처가 나 있는 것을 발견하게 되었고, 그제야 여기저기 아프기 시작했다. 총각 고슴도치도 화가 나고, 처녀 고슴도치도 화가 나기 시작했다. 두 고슴도치는 모두 자신을 부드럽게 다루지 못하고 몸에 상처를 입히는 상대와는 함께 살 수 없다는 결심을 했다. 그 후로 다시는 서로 만나지 않았다.

제3부 성공을 부르는 인맥관리 기술

우화에 불과하지만, 고슴도치 사랑이 우리에게 주는 교훈은 너무나 크다. 이 이야기는 나의 입장에서 행동한 후 나타난 결과 때문에 자신의 잘못은 보지 않고 상대방만을 능멸하는 거나 마찬가지다. 자신은 상대방에게 피해를 주고도 자신이 입은 상처에 대해서만 불평하는 것은 너무 자기중심적이고 이기주의라는 발상이 지배적이다. 배려란 일방적이지 않고 상호적인 현상이다.

배려는 마음에서 출발한다. 행동을 함에 있어서 상대방의 입장에서 하지 않고 자기 입장에서 일방적으로 처리한다면 바람직하지 않다. 고슴도치 사랑을 넘어 타인에게 배려하는 마음을 갖자.

적자생존의 기술

가족 대화에서 인맥을 시작하라

대화는 행복한 가정으로 이끄는 필수 요소이다. 대화가 없는 집은 물이 흐르지 않는 정체되고 썩은 연못과 같다. 최근 사회적으로 문제가 심각한 대부분의 가정은 대화의 부족에 기인한 것이고, 이와 관련된 청소년 문제 역시 대화가 없는 가정과 관련 있는 것이다. 그래서 청소년 문제는 그들 또래만의 문제가 아닌 사회적 관심사로 부각되고 있는 것도 이런 연유이다.

행복한 가정을 형성하는데 대화가 얼마나 중요한지는 인식하면서도 정작 행동에 옮기는 사람은 그리 많지 않아 보인다. 가정은 대화의 장소나 휴식공간이라고 생각하기보다는 피곤한 몸을 머무르는 공간이 된 느낌이다. 추위와 더위를 막아주고 온기가 샘솟는 집이 아닌, 단지 추위나 더위나 막아줄 뿐인 여관 같은 집 같

제3부 성공을 부르는 인맥관리 기술

아서는 안 된다.

얼마 전 고등학생의 22%가 아버지와 대화하는 시간이 하루 1분도 안 되고, 11%는 어머니와의 대화 시간마저 1분에 미치지 못한다는 통계가 발표되면서 많은 충격을 주었다. 이런 통계는 '과연 내가 그런 것은 아닌가' 하고 우리 부모 된 자들을 부끄럽게 한다.

부모의 의무는 자녀의 양육이다. 양육의 시작은 대화에 있지 않을까. 부모라면 응당 자녀와의 대화법에 익숙해져야 한다. 대화법은 특별한 것이 아니다. 자녀와 대화를 나누기 위해서는 먼저 눈높이를 맞추는 게 가장 큰 포인트다. 이것이 가장 기본적인 눈높이 대화법이다. 위압적인 부모의 모습이라거나 일상의 피로와 권태에 빠져 자녀와 대화를 한다면 명령이나 하소연이 될 뿐이다. 서로 동등한 입장에서 변함없는 모습으로 자녀를 대하여야 한다.

눈높이 대화를 하려면 체크할 항목이 몇 가지 있다. 당신은 자녀와의 대화를 어떻게 하는가? 일방적으로 지시하듯이 말하는가? 아니면 자녀의 이야기를 들으면서 차분하게 하는가? 자녀의 관점에서 하는가, 부모의 입장에서 이야기하는가? 이에 대해 어떠한 답변을 하는가는 눈높이 대화법에서 무엇보다 중요한 요소가 된다.

아이를 사랑하는 모임의 설동광 대표는 자녀와의 대화법에서

적자생존의 기술

가장 중요한 것으로 부모는 재판관이 되어 아이의 이야기를 판단하고 결론을 짓지 말고 배심원의 입장에서 아이의 말에 귀담아 들어줘야 한다고 충고한다. 한 명의 배심원이 섣불리 판단하여 죄의 유무와 형량을 판단한다면 법정에 선 그는 얼마나 우스꽝스럽겠는가.

요즘은 자녀와 대화하는 방법이 다양해져서 조금이라도 정성과 신경을 쓴다면 자연스럽게 대화의 기술을 터득할 수 있다. 단지 내 자녀라는 한 가지 이유만으로 관심이라는 기술을 부모의 마음속에 축적한다고 생각하면 된다. 그 수단이 어떤 것이든 상관없다.

음식점을 운영하는 어느 한 아버지는 한 달에 한두 번씩 아들과 땀이 물씬 날 만큼 축구를 하면서 대화를 나눈다거나 딸과의 정기적인 데이트를 즐기는 아빠처럼 말이다.

이런 아빠도 있다. 만화가가 장래 희망인 딸과 휴일이면 서점 나들이를 한다. 둘이서 실컷 책을 보고 오는데, 아빠는 기분이 좋은 날이면 딸이 고른 책이며 갖고 싶은 CD를 한아름 사준다. 딸은 물질적인 선물보다는 '아빠와 함께한 나들이' 자체가 좋아 아빠와 친해졌다고 한다.

집을 떠나 색다른 곳에서 자연스럽게 대화를 유도하는 것도 좋은 방법이 될 수 있다. 극장이나 음악회에 가거나 산책을 하면서 단 둘이 데이트를 즐기며 "요즘, 힘들어 보이는구나!", "뭐 어려

제3부 성공을 부르는 인맥관리 기술

운 것 없어!" 하며 자녀에게 한 발짝 다가서는 것도 대화의 문을 여는 첫 첩경이 될 것이다. 자녀와 대화할 때 주의할 사항도 있다. 한꺼번에 너무 많은 변화를 요구하거나 단시일 내에 행동을 바꾸도록 요구하는 것은 바람직하지 않다.

가정에서 이루어지는 대화, 가족들 간에 구성되는 최초의 인맥은 사회적인 인맥으로 형성될 수 있는 계기가 된다. 요즘은 가족 간의 대화에는 덜 시간을 쓰고 사회적으로 성공하기 위해 대화의 기술을 너도 나도 배우려고 설왕설래한다.

사람들은 그들의 목적이 어떠하든 원활한 소통을 원하지만 사회적인 인간관계를 위해 대화의 기술을 배우기 이전에 가장 작은 사회 단위인 가정의 구성원들에게도 대화의 기술이 먼저 선행되어 있어야 한다. 가정은 인맥을 형성하는 최초의 장이다. 가족 대화에서 인맥이 잘 형성되어야 사회적 인맥을 넓힐 수 있다는 사실을 명심해야 한다.

적자생존의 기술

호감 가는 인상을 가져라

흔히 탤런트나 스튜어디스가 되려면 뛰어난 미모를 가져야 한다고 생각한다. 사실은 그렇지 않다. 기내에서 일하는 승무원을 보면 예쁜 얼굴보다는 밝고 호감이 가는 인상을 많이 볼 수 있다.

사람을 처음 만났을 때 상대에 대한 어떤 느낌을 갖게 되는데 그것을 우리는 '첫인상' 이라고 부른다. 한 번 형성된 첫인상은 쉽게 바꾸기가 어렵고, 사람이 살아가면서 인간관계를 이루는데 매우 중요한 역할을 한다. 그래서 상대에게 호감 가는 인상을 가지기 위해서는 첫인상을 잘 관리해야 한다.

첫인상이 형성될 때 가장 많은 영향을 주는 부분이 시각적인 요소이다. 이 시각적인 요소에는 얼굴 표정, 복장, 액세서리, 자세와

제3부 성공을 부르는 인맥관리 기술

동작 등이 있다. 그중에서 사람을 처음 만났을 때 시선이 가장 먼저 가는 곳이 바로 얼굴이고, 그 얼굴 표정에 의해 그 사람의 인상이 결정되게 된다.

처음 상대를 만났을 때 좋은 이미지를 보여준다면 그것이 계속 긍정적인 역할을 다하겠지만, 반대로 나쁜 인상을 준다면 이후에 아무리 새로운 모습을 보여준다 해도 부정적으로 연관시켜 생각하게 될 것이다.

대화를 나누다 보면 상대의 인상이 조금 바뀌는 경우도 있다. 그러나 처음에 형성된 인상은 쉽게 바뀌지 않는다. 첫인상이 쉽게 바뀌지 않는 이유는 사람의 두뇌 역할을 하는 정보처리과정에서 초기 정보가 후기 정보보다 훨씬 중요하게 작용하기 때문이다.

어떻게 하면 호감 가는 인상을 할 수 있을까?

먼저 용모를 단정하게 하고, 밝은 표정으로 대하는 것이 중요하다. 용모를 단정하게 하는 것은 값비싼 옷으로 치장하라는 것이 아니라, 어떠한 옷을 입더라도 단정하고 그때그때 분위기에 따라 입는 것을 말한다. 용모에서 그 사람의 인상이 결정되기 때문이다.

무엇보다도 얼굴 표정은 그 사람의 속마음이 그대로 나타나는 것이므로 눈이 마주칠 때마다 편안하고 친근한 미소를 짓는 것이 좋다. 눈높이는 상대방을 지나치게 응시하는 것은 바람직하지 않다. 상대방의 가슴 정도 바라보는 것이 호감을 자극할 수 있다.

적자생존의 기술

『느낌 좋은 첫인상』의 저자 앤 데마레이스 박사는 처음 만나기 전 상대방에 대한 정보를 미리 숙지하는 것이 좋은 인상을 만드는 첫 번째 관심이라고 할 정도로 정보를 강조하였다.

상대방에 대한 정보를 많이 알면 알수록 상대방에 대한 관심의 정도를 표현하는 것이고, 호감을 표현하는 의미를 내포하고 있다. 취미는 무엇인가, 어떤 음식을 좋아하는가, 운동은 어떤 운동을 좋아하는지 등에 대한 가벼운 정보라도 알아 두면 도움이 된다. 만약에 상대방에 대한 정보가 전혀 없다면 이름 석 자라도 기억해 두는 것도 좋다.

몸도 입과 같이 말을 한다는 사실을 기억하자. 어느 교육학자는 커뮤니케이션에 있어서 보디랭귀지가 차지하는 비율이 절반 이상을 차지한다는 연구 결과를 내놓기도 하였다.

의사전달을 함에 있어서 언어적인 요소 이상으로 비언어적인 요소가 이미지 형성에 매우 중요한 역할을 한다. 육체언어인 보디랭귀지는 무의식에서 나온다. 그래서 말보다 더 정확한 메시지를 전달하고 표현한다.

만날 때 처음 주고받는 말 한마디 역시 중요하다. 상대방을 만날 때, "참 첫인상이 좋아요.", "어디서 많이 뵌 것 같아요.", 만나는 상대가 여성인 경우 "스카프가 잘 어울리십니다.", "목소리가 좋으시네요." 등으로 일단 호감이 가는 말로 시작하는 것이 좋다.

제3부 성공을 부르는 인맥관리 기술

‘칭찬은 고래도 춤추게 한다’ 는 말이 있다. 그러나 칭찬은 때와 장소에 맞게 해야 더욱 효과적이다. 칭찬은 마음으로부터 우러나오는 것이 좋다. 형식적인 칭찬은 오히려 상대방으로부터 오해를 살 수 있다는 사실을 명심하여야 한다.

적자생존의 기술

창의력은 곧 재산이다

과거는 기술이 경쟁력이 되었다면, 지금은 창의력이 무엇보다 부각되고 있다. 창의력은 곧 재산이요, 경쟁력이 된다. 과거의 한 건 얻은 기술로 안위할 시대는 지나갔다. 인터넷으로 연결되어 시간과 공간을 초월하는 교류가 이루어지고 있는 현재, 경쟁력 있는 기업이나 개인이 되기 위해서는 빌게이츠가 말했던 것처럼 생각의 속도로 무장하고 있어야 한다.

한편 '창의력은 재산이다'라는 말에서 재산이라는 말에 잠시 생각해 봐야 한다. 재산 중의 큰 무기는 인적재산이 아닐까. 한마디로 인적재산이란 인맥이라고 할 수도 있다.

창의력을 제대로 활용하는 벤처기업을 떠올려 보자. 벤처집단의 모토는 창의력과 모험정신이라는 것은 누구나 안다. 창의력과

제3부 성공을 부르는 인맥관리 기술

도전은 벤처기업을 성장시키는 발판이다. 하지만 창의력이 재산, 곧 인맥과 연결될 때 벤처기업은 큰 성장을 맞이할 수 있다. 창의력은 곧 인맥과 연결된다.

유한한 환경이나 자원을 극복할 수 있는 힘은 창의력이다. 창의력은 자신의 무한한 에너지를 끌어올릴 때 발현되는 것으로 이때에 참신한 아이디어가 나온다. 관건은 창의력이다. 창의력을 향상시키는 것은 꾸준한 자기 계발을 통해서 이루어진다.

창의력의 원천, 곧 새로운 아이디어나 아이템이 생기는 원동력은 상상력이다. 상상력은 자유롭게 퍼져 나가는 매력이 있다. 창의적 사고의 강력한 힘은 바로 상상력에 있다.

아이디어 발상을 할 때도 마찬가지로 생각나는 것을 쓰면서 하는 방법이 있다. 그것이 바로 브레인라이팅이다. 이 기법은 브레인스토밍의 변형으로 아이디어를 기록하기 위해 비언어적 접근 방법을 사용하는 아이디어 창출 방법이다.

특히 남 앞에서 이야기하는 것을 꺼려하는 사람에게는 좋은 방법이다. 각자 침묵 속에서 진행되기 때문에 개인 사고의 특징을 최고도로 살릴 수 있는 집단발상법이다. 팀 구성원의 자발성이 브레인스토밍보다 저하될 수 있다는 단점이 있지만 상상력을 기르는데 큰 도움이 된다.

이처럼 창의력은 인위적인 노력을 통해서도 이루어질 수 있다. 다만 창의적인 사고는 하루아침에 이루어지지 않는다. 오랫동안

적자생존의 기술

노력과 경험을 통해서만 만들어진다. 99%의 영감과 1%의 노력만으로 주어지는 것은 보통 사람들에게는 소원한 일이다.

창의력은 기본적으로 상상력을 매개로 하는 것이지만 그것을 보고 표현할 수 있는 능력 또한 중요한 부분이다. 그래서 창의력이란 상상력은 물론이고 어휘력, 표현력, 감수성, 관찰력과 기억력, 문제해결능력 등 모두 포함된다.

창의력을 기르는데 중요한 것은 자신의 생각을 자유롭게 이야기하고, 행동하는 것이다. 아무리 좋은 생각도 망(network)에 올릴 수 없는 것이라면, 즉 표현할 수 없다거나 다른 사람에게 전달할 수 없는 것이라면 훌륭한 창의력이 될 수 없다.

아이디어를 많이 내는 사람에게 흔히 '저 사람은 창의적인 사람이야' 라는 말을 한다. 아이디어를 많이 낸다는 것은 그 사람이 매우 도전적이고 진취적인 사람이라는 사실을 의미한다. 훌륭한 아이디어를 얻는 최선의 방법은 많은 아이디어를 내고 그 가운데 나쁜 것은 버리고 좋은 것만 선택하는 것이다.

창의력을 키우기 위해서는 고정관념에서 벗어나야 한다. 어떤 문제를 해결할 때에는 근본적인 시각으로만 문제를 풀려고 하면 안 된다. 고정관념에서 벗어나 새로운 사고방식으로의 도전은 자신의 발전뿐 아니라 사회 발전의 원동력이 된다. 고정관념에 도전함으로써 행운을 얻을 수 있는 기회를 갖는 것이 매우 중요하다.

제3부 성공을 부르는 인맥관리 기술

당신은 이 세상에 평범한 사람으로 살고 싶은가? 그렇지 않다면 창의력을 발휘하라. 그리고 그 창의력으로 하여금 재산적 가치를 고양하도록 하라. 곧 창의력이 인맥인 세계에 당신이 들어오길 바란다.

적자생존의 기술

메모하는 습관을 가져라

현대처럼 많이 기억하지 않아도 되는 시대는 없었다. 메모는 상대를 기억케 하는 것은 물론 인맥관리에 있어서 매우 중요한 것이다. 메모는 단순히 일정을 기록한 수첩이나 다이어리가 아니라, 상대의 마음속에 나를 각인시킬 수 있는 인맥관리 도구이기 때문이다.

아무리 메모하지 않아도 되고, 기기의 도움으로 필요한 때면 불러 볼 수 있는 세상이 되었다고 하더라도 메모는 인간의 기억을 증대시켜 인맥의 형성과 확장에 중요한 동기가 된다.

일단 외우지 않아도 되는 것은 메모의 중요성을 감소시킨 것은 사실이다. 일례로 노래방 기기의 탄생은 우리에게 노랫말을 외워 부르지 않아도 되게끔 하였다. 전화번호를 귀찮게 외우지 않아도 된다. 하지만 우리의 뇌를 활용하는 영역이 줄어들어 기억력이 쇠퇴하게 되고 메모의 소홀로 인간관계의 범위가 줄어드는 아쉬움을 남기게 되었다.

이러한 발달로 사람의 뇌는 사용하는 빈도가 줄어들어 자연적으로 퇴화되고 있다. 기억하는 습관을 들이지 않으면 기억 용량이 줄어든다. 우리가 죽을 때까지 사용하는 기억력은 실제 가진 기억 능력의 10%도 미치지 못한다.

과거의 종이문화가 디지털문화로 바뀌어 필기 또는 메모가 별 필요 없는 일처럼 벌어지고 있다. 휴대폰이나 전자수첩, PDP 등 각종 편리한 전자기기가 발달하여 메모하는 것이 소홀해지고 있다.

기술의 발달로 편리해지는 면도 있지만 과거의 사람에 비해서 부족한 것이 발생하게 되었다. 바꾸어 말하면 메모의 부족이 인간 지능의 후퇴를 가져올 수 있다는 말이기도 하다.

인간의 몸은 종이 위에 밀착하는 것에 친밀한 속성을 가지고 있다. 쓰면서 기억하는 능력은 단지 키보드에 타격의 동작으로 치면서 기억하는 능력보다 월등한 것이다. 이 차이는 인간의 생물학적인 특성과 관련이 있다. 여기서 종이 위에 메모하는 것이 월등하게 뇌의 발달을 돕는다.

그렇다면 우리는 메모를 왜 하는가? 흔히 잊지 않기 위해서 메모한다고 한다. 메모는 기억의 수단인 동시에 사람의 생각을 구

적자생존의 기술

체화시켜 주는 역할을 한다. 그래서 메모장에 쓴 내용은 오래 기억할 수 있는 이유도 바로 이 때문이다.

인맥의 측면으로 돌아와 생각하면 메모함으로써 상대의 이름을 확인하면서 용모를 각인시키는 계기가 된다. 혹시나 상대방을 보게 될 때 알아본다면 그것만으로도 인맥은 공고히 형성되었다고 말할 수 있다.

메모의 가치는 '그날 맺었던, 만났던 관계를 경시하지 말고, 소중히 여기며, 언제라도 다시 쓸 것처럼 현재를 보존하라' 는 것에 있다. 현재를 보존시킨다는 것 멋지지 않은가. 당신은 메모라는 사소한 행위를 통해서도 당신의 기억력을 증진시키는 동시에 인맥을 형성시키는 계기가 된다.

인간의 기억력은 한계가 있다. 인간의 두뇌가 한 번에 처리할 수 있는 정보량은 약 일곱 자릿수에 불과하다는 것을 생각해 보자. 인간의 기억장치에 새로운 정보를 저장하는 것은 단 몇 초에 이루어진다. 새로운 정보를 처리하고 이미 저장된 정보를 불러오는 능력은 제한되어 있다.

메모를 하면 습관이 바뀐다. 아침에 일어나 하루 일을 계획하고, 자기 전에 하루 있었던 것을 반성하는 것은 성공의 중요한 습관이 될 수 있다. 그냥 머릿속으로 계획하는 것과 펜으로 쓰면서 계획하는 것은 많은 차이가 있다.

메모를 자주하다 보면 자기도 모르게 새로운 아이디어가 떠오

제3부 성공을 부르는 인맥관리 기술

른다. 메모하는 습관을 가지면 당신의 천성을 바꿀 수 있는 기회가 될 수 있다. 메모를 함으로써 만난 사람들에 대한 되새김을 한다는 것 자체만으로도 훌륭한 인맥관리이다.

앞에서 말한 것과는 다소 역설적인 표현이 될지 모르지만 메모는 잊지 않기 위해서 메모를 하기도 하지만, 잊기 위해서 메모를 하기도 한다. 인간의 두뇌는 한계가 있는데 많은 양의 정보를 기억하려고 하다 보면 오히려 스트레스만 받게 될 것이다. 기록하고 바로 잊어버려라. 어떤 측면에서든 메모는 현대인에 자신의 가치를 한 단계 업그레이드시키는 유형무형의 자산이 될 것이다.

적자생존의 기술

자신이 하는 일에 집중하라

자신이 하는 일에 집중해야 한다. 이것이 동물과 구별되는 능력이다. 인간은 사고하는 특별한 능력을 가지고 살아간다. 예를 들면 인간은 컴퓨터의 멀티태스킹처럼 집중력을 분산시키면서 두 가지 이상의 일을 동시에 할 수 있다.

이것은 인간이 동물과 다르고 월등한 것이다. 하지만 그렇게 하는 것이 한 가지 일의 효과를 높인다거나 능률을 올린다거나 성공을 보장하는 요인이라고 말할 수 없다.

왜냐하면 인간의 문명이란 집중의 산물이기 때문이다. 마찬가지로 개인에게 있어서 성공이란 것도 집중에서 기인한 것이다. 곧 집중력은 성공의 가장 중요한 요인이 된다.

무엇보다도 집중력은 인맥을 넓히는 에너지원이 된다. 일상적

제3부 성공을 부르는 인맥관리 기술

인 만남이든, 목적이 있는 만남이든 순간에 집중하는 능력은 상대방으로 하여금 호감을 느끼게 하는 매력이 된다.

집중력은 세대 간에도 차이가 있다. 어른들 중에서 "내가 학교 다닐 때만 해도 금방 외웠는데 나이가 드니 곧잘 잊어버린다."고 말하는 이가 있다. 이는 보편적으로 집중의 효과는 어른보다는 성장기에 있는 학생들이 더 두드러지게 나타난다는 것을 간접적으로 보여주는 결과이다.

집중력은 학업이나 일을 처리하는데 좌우하는 능력이기도 하다. 보편적으로 집중력이 높은 사람이 처리한 일은 질적으로 우수하다. 부모의 성화에 못 이겨 억지로 공부한 학생이라면 10시간을 학습을 해도, 한두 시간 집중하여 공부한 학생보다 좋은 성적을 낼 수가 없다. 바로 집중력 때문이다.

집중력은 과업에 대한 시간의 효율적인 사용을 말한다. 이 때문에 효과적인 과업의 성취를 이룰 수 있다. 소위 학업 우수생 중에서는 많이 노는 것 같은데도 실제로 1~2등을 다투는 경우가 종종 있다. 이것은 주어진 시간을 효율적으로 이용했다는 증거이다.

집중력을 기르기 위해서는 심리적인 안정이 필요하다. 과거에 대한 후회, 쓸데없는 공상 등으로 정신이 산만하면 집중력은 자연히 떨어질 수밖에 없다. 갈등이나 고민이 해결한 후에 하던 일에 집중하는 것이 효과적이다.

자신이 하고 있는 일에 홍미나 취미를 가지는 것도 집중력 향상

적자생존의 기술

에 도움이 된다. 에디슨은 일하는 것이 오락이라고 할 정도로 일을 좋아했다. 그래서 하루에 18시간씩 일을 해도 결코 피곤하지 않았다고 한다. 사람은 자기가 좋아하는 일을 하면 능률도 향상되고, 집중력도 높일 수 있는 장점이 있다.

집중력 하나로 영웅에 오른 사람도 있다. 최근 TV프로에서 퀴즈영웅에 올라 4,100만원을 획득한 초등학생이 있었다. 사교육을 받지 않은 시골 출신의 최연소 학생이 '퀴즈영웅'에 오른 것은 그의 천재적인 지능 때문은 아니다. 집중력을 높이는 데 본인의 흥미와 취미를 조화롭게 잘 살린 결과 때문이다.

그렇다면 집중력을 어떻게 높일 수 있을까? 매사에 구체적인 목표와 마감 시간을 정해놓아라. 한마디로 목표의식이 필요하다는 말이다. 물론 마감 시간을 정하는 것이 일을 처리하는데 불편할 수도 있다.

하지만 마감 시간을 정하는 것이 쓸데없는 시간이라든지 불필요한 것을 줄일 수 있다. 마감 시간을 정하는 것은 자신 스스로와의 약속을 지키는 일이므로 어느 정도 습관이 들어 많은 도움이 된다.

실패는 누구나 경험할 수 있다. 더 많은 노력으로 결과를 바꿀 수 있다는 자신감과 확신을 가질 때 집중력은 최고로 높아질 수 있다. 반대로 자신감과 확신이 적은 사람은 타인의 평가에 민감하고 기대했던 만큼 좋은 결과가 나오지 않는 상황에 쉽게 좌절

제3부 성공을 부르는 인맥관리 기술

한다. 집중력 증진의 첫 번째는 자기 자신을 신뢰하는 것이라는 것을 잊지 말자.

사람은 누구나 재미있는 일을 할 때 성취의욕이 생기고 집중력도 높아진다. 자신이 좋아하는 일을 할 때 시간이 더 빨리 흘러가는 것도 이 때문이다.

자신이 하는 일에 집중하라. 그리고 즐거운 마음으로 일하라. 누군가를 만나는 중이라면 그 만남에 집중하라. 만남의 매순간 집중하라. 그러면 당신의 인맥은 견고해질 것이다.

인맥은 한꺼번에 절대 만들어지지 않는다. 눈사람은 조그만 눈뭉치에서 출발하지만 굴리면 굴릴수록 커지듯이 인맥도 작은 수에서 시작된다. 그러나 일정한 수준이 되면 그 크기가 눈뭉치처럼 점점 커질 것이다. 자신이 하는 일에 집중하여 인맥을 키워보자.

적자생존의 기술

인맥을 만들려면 발품을 팔아라

유유상종이란 말이 있다. 그래서 사람은 끼리끼리 모인다. 좋은 인맥을 형성하기 위해서는 나 자신부터 좋은 습관을 가져서 인맥을 형성시킬 수 있는 기초를 마련해야 한다.

공짜를 바라고 일확천금을 노리는 사람들은 그런 사람을 만나게 되고 비슷한 인생을 살아가기 마련이다. 처음부터 좋은 인맥을 갖게 된다면 좋겠지만 그게 아니라면 지금부터라도 노력해야 한다. 원시적인 사고라고 말할지는 모르지만, 깊은 인맥을 형성하기 위해서는 발품을 많이 팔아야 한다.

무엇을 바라지 말고 마음 내키는 대로 한없이 베풀어야 한다. 인색함은 인맥을 형성하는데 가장 큰 천적이다. 인색한 사람에게는 사람들이 따르지 않는다. 최소한 당신이 인맥을 형성하는데

제3부 성공을 부르는 인맥관리 기술

부족하다면 좋은 사람들의 무리에 들어가라. 유유상종의 효과가 발생할 것이다. 그럼 당신이 좋은 사람들과 만나다 보면 자신도 모르게 좋은 사람이 된다.

좋은 인맥을 만들기 위해서는 땀을 많이 흘려야 한다. 좋은 인맥은 결코 노력없이 얻어지지 않기 때문이다. 발품을 많이 팔아야 한다. 현재 나는 어떤 인맥을 가지고 있는지, 좋은 인맥을 만들기 위해 내게 부족한 점은 무엇인지 생각해야 한다.

만나는 사람마다 모두 인맥이 될 수는 없다. 직업이 다르고, 취미가 다르고, 코드가 다르고 추구하는 이상도 다르기 때문이다. 좋은 인맥을 만들기 위해서는 많은 사람을 만나야 한다. 그렇다 보면 인맥에 대한 나름의 기준이 생길 테니까 말이다.

한편 인맥은 자기와 비슷한 사람들과 관계를 맺는 것이라고는 말할 수 없다. 오히려 자기와는 다른 사람들과 맺는 관계야말로 인맥이 낳는 기쁨이 있다. 자기와 비슷한 사람끼리 관계를 형성한다면 인맥을 확장하는 것이 아니라 일시적인 자기만족을 위한 만남이 될 수 있다.

인생을 사는 지혜는 다양한 시각을 배워 어떤 상황이든 대체하는 것이 바람직하다. 인생을 사노라면 맞닥뜨리는 각종 상황은 사람들에게 상부상조라는 기본 덕목을 심어준다. 혼자서는 이룰 수 없는 것이 사람들이 모이면 되는 것이 상부상조이다.

상부상조라는 것은 관계, 즉 인맥의 기본이다. 사람마다 개성이

112

있듯이 다양한 개성을 가진 사람들과 만난다면 상부상조 기회도 많을 것임에 틀림없다. 그때에 인맥의 진정한 효용이 있다.

인간관계, 즉 좋은 인맥을 만들기 위해서는 커뮤니케이션 스킬 또한 필요하다. 상대와 지속적인 관계를 유지하고 강화하기 위해서는 상대방에게 지속적인 관심과 접촉을 하여야 한다. 전화를 걸고, 문자나 메일을 보내고, 메신저로 채팅을 하고, 커뮤니티에 글을 올리고, 블로그에 안부를 남기는 방법도 인맥을 넓히는 데 큰 도움이 된다. 근래 들어 인맥을 넓힐 수 있는 방법이 늘어난 것은 좋은 일이다. 온라인뿐만 아니라 인터넷이라는 사이버 세계를 통해서도 인맥을 형성하기 때문이다.

상대의 인맥을 내 인맥으로 만드는 것도 한 방법이 될 수 있다. 인간은 누구나 성공한 사람들과 관계를 맺고 싶어하는 것이 인지상정이다. 대부분 성공한 사람들은 인맥관리가 잘 되어 있다. 상대의 인맥을 잘 활용한다면 빠른 시일 내에 인맥을 형성할 수 있을 것이다. 그러나 자칫 실수나 무관심, 무성의로 인해 소개로 알게 된 사람에게 피해를 준다거나 실망감을 안겨준다면 오히려 인맥을 단절시키는 결과를 가져올 수 있다.

마지막으로 좋은 인맥을 만들기 위해서는 '인내와 끈기'가 있어야 한다. 좋은 인맥은 짧은 기간에 절대 만들어지지 않는다. 인간관계에 있어서 가장 중요한 것은 신뢰이다. 신뢰는 하루아침에 형성되는 것이 아니라 일관성 있고 말과 행동이 지속적이고 반복적으로 확인되었을 때 형성되는 것이다. 따라서 좋은 인연을 만드는 데는 오랜 시간을 필요로 한다. 그렇다고 걱정할 필요는 없다. 당신의 '인내와 끈기'라면 좋은 인맥은 금방 나타날 것이기 때문이다.

조지 워싱턴은 "진실한 우정이란 느리게 자라나는 나무와 같다."고 했다. 큰 나무가 하루아침에 자라나지 않듯이 좋은 인맥, 큰 우정은 천천히 오랜 세월에 걸쳐 자라난다. 인터넷의 발달과 더불어 짧고 피상적인 인간관계가 많아지고 있다. 많이 알고 있는 것도 중요하지만 깊이 있는 인간관계, 인맥을 형성하는 것도 인맥 형성에 있어서 중요하다. 그러니 서두르지 말고 끈기 있는 사람만이 좋은 인맥을 만들 수 있다는 사실을 기억하자.

적자생존의 기술

커뮤니케이션 스킬을 배워라

인적 네트워크의 성공 요인은 무엇일까? 무엇보다도 커뮤니케이션일 것이다. 지금까지 이야기해 왔지만 성공적인 커뮤니케이션은 사람의 생각이나 잠재된 욕망을 행동으로 바꿔놓을 뿐만 아니라 다른 사람의 마음까지도 바꿔놓는 강한 마력을 가지고 있다. 커뮤니케이션은 개인과 개인뿐만 아니라 집단과 집단 사이를 연결해 주고 상호작용에 결정적인 요인으로 작용한다.

누구나 살아가면서 '왜 내가 그런 말을 했을까?' 하고 저지른 말실수 때문에 한 번쯤 고민한 적이 있을 것이다. 이런 느낌이 든다는 것은 본인의 말에 자신감이 없을 뿐만 아니라 소통, 즉 커뮤니케이션에서의 자신감이 부족하기 때문이다.

어떻게 하면 커뮤니케이션의 마술사가 될 수 있을까?

제3부 성공을 부르는 인맥관리 기술

커뮤니케이션에는 듣기, 쓰기, 읽기, 말하기라는 4가지 필수 요소가 있다. 그중에서 커뮤니케이션의 제1덕목은 듣는 것, 바로 경청이다. 상대방의 이야기를 잘 듣는 것은 소통의 시작이고, 대화의 기본 덕목이기 때문이다.

대화를 잘 하는 지름길은 '혀' 에 먼저 있지 않고 '귀' 를 내미는 것에 있다. 내가 아무리 상대방에게 어떤 달콤한 말을 한다 할지라도 상대방 입장에서는 자기가 말하고 싶어하는 이야기의 절반만큼도 흥미가 없는 것이다.

그래서 어떤 모양새, 곧 듣는 자세는 말하는 사람으로 하여금 상대에 대한 매력을 갖게 함으로써 커뮤니케이션을 활성화시킨다. 경청은 상대방을 높이면서 결국엔 나 자신을 높이는 결과가 된다. 나의 취향과 기호에 맞는 말만 듣는 척하는 위선적인 모습이 아니라 진심에서 우러난 경청은 나를 위한 것이요, 인맥을 늘리는 최선의 방법이 된다.

경청은 많은 사람에게 영향을 주는 유명인일수록 더욱 지켜야 할 중요한 덕목이다. 많은 사람들은 자기 의견을 표현하는 것을 좋아하지만 상대방 말을 듣는 것에 대해서는 가볍게 생각하는 경향이 있다.

상대가 말을 할 때는 두 귀를 쫑긋 세우고 들어라. 상대의 말을 귀 기울여 듣지 않고 딴전을 피운다거나 상대가 말하는데 끼어들어 전혀 다른 화제를 바꿔놓고 자신이 하고 싶은 말만 하는 것은

적자생존의 기술

커뮤니케이션 스킬 가운데 고쳐야 할 1순위라고 한다.

경청은 인간관계를 넘어 사업에도 많은 영향력이 있다. 국내 최초 고졸 출신으로 6년 연속 판매왕으로 널리 알려진 GM 대우자동차 박노진 이사는 인맥지수를 높이는 노하우로 "두 귀를 쫑긋 세워 상대방이 하는 말을 기울여 듣고 긍정적인 반응을 보여라!"고 말한다. 낯선 고객을 처음 만나면 두 귀를 쫑긋 세워 고객이 한탄하든, 비방하든, 하소연하든 고객이 하는 이야기를 경청하면서 이야기를 다 했다 느낄 때서야 그는 고객이 말한 시간의 약 30% 정도에 해당하는 만큼만 본인 이야기를 해 왔다고 한다.

커뮤니케이션 스킬에서 가장 중요한 것이 공감대를 형성하는 일이다. 서로 간의 마음이 열리기 시작하면 불안했던 관계가 점점 안정되고 편안해진다.

상대방과 공감대를 형성하기 위해서 남의 말을 잘 들어주면 된다. 바로 상대방의 온몸으로부터 변화를 느낄 수 있다. 맥박이 정상적으로 작동하고 엔도르핀이 솟는 신체적인 반응까지 나온다.

모든 것을 공감해 주는 적극적 경청을 권하고 싶다. 적극적 경청이란 상대방의 말에 확실하게 귀를 기울여 반응함으로써 스스로 의사 결정을 하도록 돕는 것을 의미한다.

여기에 상대방의 눈높이에 맞추어 고개를 끄덕인다든지, "음, 그래서 어떻게 되었어?", "저런." 하는 추임새까지 넣어 듣는다면 대화의 절반은 성공한 셈이다.

우리는 각박한 세상을 살아가고 있다. 따뜻한 말 한마디로 상대방을 감동시키고 상대방의 마음을 사로잡는 것은 그리 쉬운 일이 아니다. 사업적이든 가벼운 만남이든 사람을 잡아놓을 수 있는 힘이 있어야 한다. 이러한 힘은 생활에 운동력이 되고 에너지가 발생하기 때문이다.

최고의 커뮤니케이션의 마술사가 되는 길은 바로 경청이다. 같은 말이라도 상대방의 마음속 맥락까지 헤아려 듣는 적극적 경청을 하라. 경청은 당신을 세상에서 가장 멋있는 커뮤니케이션의 마술사로 만들어 줄 것이다.

적자생존의 기술

긍정적인 사고를 하라

성공하는 사람들의 공통점은 긍정적인 사고를 한다. 대부분 이들은 낙천적인 성격을 가지고 있고 가정에서나 직장에서나 원만한 인간관계를 형성하는 특징을 가지고 있다. 긍정적인 사고를 가진 사람은 항상 자기 주관적이기보다는 객관적인 면을 더 강조하면서 행동한다. 이러한 사고와 행동은 일상생활에서 쉽게 찾아볼 수 있다.

예를 들어 사막을 걸어가는데 물이 반병밖에 남아 있지 않아서 생명에 위험을 받고 있는 상황에서 긍정적인 사고를 가진 사람은 "아, 나에게는 아직도 물이 반병이 남아 있어서 반드시 살아날 수 있다."고 생각할 수 있지만, 부정적인 사고를 가진 사람은 "아, 큰일났구나, 물이 반병뿐이니 이를 어쩐담." 하고 절망하게 되어 미

제3부 성공을 부르는 인맥관리 기술

리 겁을 먹고 어려운 상황을 극복하지 못할 것이다.

이렇듯 긍정적인 사고를 가진 사람은 매사에 긍정적인 행동으로 나타나고, 부정적인 마음을 먹은 사람은 모든 행동이 부정적인 행동으로 나타난다.

긍정적인 사고는 교육에 있어서도 그 결과를 입증하여 주는데, 그것이 바로 '피그말리온 효과' 이다. 피그말리온은 그리스 신화에 나오는 키프로스의 왕이자 뛰어난 조각가의 이름이다.

어느 날 그는 항상 외모에 콤플렉스를 갖고 있어 사랑을 그리워하면서 생명이 없는 자신의 조각상을 사랑한 피그말리온은 아프로디테신전을 찾아가 이렇게 기도를 했다.

"여신이여, 제발 제 여인상에게 생명을 불어넣어 주십시오! 아름다운 얼굴처럼 마음씨 곱고, 말씨도 고운, 진실한 여인으로 제 품에 안길 수 있게 해 주십시오."

얼마 후, 그의 사랑에 감동을 받은 신이 조각상을 사람으로 변하게 해 주었고, 드디어 그와 결혼하였다는 전설적인 신화 속의 이야기다.

'피그말리온' 이라는 단어는 가능성이 없는 것이라도 마음속으로 할 수 있다고 믿고 행동하면 그 기대가 바로 현실로 이루어질 수 있다는 것을 증명할 때 자주 인용하는 말이다.

피그말리온 효과는 믿고 기대하면 반드시 이루어진다고 하여 '자기 충족적 예언' 이라고 하며 초등학교 실험에서 활용되었다.

적자생존의 기술

실험의 대상이 된 초등학교는 하류층이 압도적으로 많이 사는 지역의 공립이었다. 이 학교에서는 어린이 가운데서 무작위로 뽑아서 교사들에게 이들이 우수한 집단이라고 거짓 정보를 주었는데, 8개월 후에는 선정되지 않은 다른 학생들보다 큰 폭으로 성적이 향상되었다.

이 결과는 교사들이 지적 능력이 우수한 학생들이라고 생각되는 학생들에게 기대를 갖고 관심을 보여주고 칭찬했기 때문에 해당 학생들은 공부에 대한 관심이 높아지고 능력까지 향상될 수 있다는 것이다.

피그말리온 효과는 학생이 성장하려면 그에 대한 교사의 믿음과 기대가 선행되어야 한다는 강한 메시지를 담고 있다. 이 효과는 학교 교육현장에서 뿐만 아니라 대인관계, 의사와 환자 사이에도 이 기대가 낳는 엄청난 큰 힘을 가지고 있다.

이 효과는 심리상태에만 영향을 미치는 것이 아니고, 몸에까지도 그 영향이 미치는 사실이 여러 실험을 통해 증명되고 있다. 그리고 가짜 약을 새 약이라고 거짓으로 복용하게 한 후 환자들의 암 진전 속도가 크게 둔화된 새로운 사실도 발견했다.

긍정적인 사고는 아무리 어려운 고난과 어려움도 극복할 수 있다. 항상 긍정적인 사고를 하라, 그리고 피그말리온 효과를 최대한 활용하라. 그러면 당신은 지금까지 보아왔던 세상보다 훨씬 더 넓은 세상을 보게 될 것이다.

제3부 성공을 부르는 인맥관리 기술

인생에 멘토를 찾아라

인맥이란 나와 인연이 되어 알고 지내게 된 사람, 모두가 포함된다. 정작 중요한 일을 부탁할 때, 혼자서 해결하기 어려운 위기에 빠졌을 때 도움을 요청하고 줄 수 있는 관계를 말한다. 인생은 어려운 일에 처했을 때 친구처럼 후원해 줄 수 있는 사람이 주변에 단 한 명이라도 있으면 그 사람은 인맥관리를 잘한 사람으로 평가할 수 있다.

멘토(Mentor)라는 말은 그리스 신화에서 비롯되었다. 고대 그리스의 왕인 오디세우스가 트로이 전쟁을 떠나며 자신의 아들을 보살펴 달라고 한 친구에게 맡겼다. 그 친구의 이름이 바로 '멘토' 였다.

그는 오디세이가 돌아올 때까지 그 아들의 친구, 선생님, 상담

적자생존의 기술

자, 때로는 아버지가 되어 잘 돌보아 주었다. 그 후로 멘토라는 그의 이름은 지혜와 신뢰로 한 사람의 인생을 이끌어 주는 지도자라는 의미로 사용되었다.

멘토가 있다면 멘토의 도움을 받는 멘티가 있다. 멘토와 멘티는 일종의 긴밀한 인맥관계이다. 현대인만큼 홀로 설 수 없고 상호보완적인 인간관계가 절실한 인간형은 없다고 해도 과언이 아니다.

대학생을 대상으로 한 설문조사에서 인맥지수는 '성공을 위해 가장 중요한 지수'로 손꼽힐 만큼 중요한 항목으로 자리를 잡고 있다. 그만큼 젊은 사람들 사이에는 인맥을 형성하는 것이 성공적인 삶을 살아가는데 필요하다는 것을 공감하고 있다는 것을 느낄 수 있다.

인생을 보다 길고, 장기적인 계획을 세워라. 오늘을 기점으로 10년 후를 생각하면 아득하지만, 10년 후 나의 모습을 그리고 3년 후, 1년 후, 그리고 오늘의 나를 생각하면 구체적인 그림이 그려질 것이다. 10년 후 나의 모습을 위하여 오늘은 무엇을 할 것인가, 장기적인 계획을 세우고 어떤 사람이 나의 멘토가 될 것인가, 끊임없이 생각한다면 지나고 나서 후회하는 일은 없을 것이다. 다가오는 나의 인연을 놓치지 말아야 한다.

세상에 내 이익만 챙기려고 접근하는 사람을 환영할 사람은 한 명도 없다. 내가 도움을 받기 위해서는 나도 그만큼 신뢰와 믿음을 쌓아야 한다. 혹시 먼저 도와줄 수 있는 일이 있다면 상대방이

제3부 성공을 부르는 인맥관리 기술

말하기 전에 먼저 다가가는 것이 바람직한 방법이다. 당신의 배려가 두 배로 감동을 받을 것이다. 당신이 어려울 때 그 사람이 발 벗고 나설 것이다.

내가 먼저 시작하라. 모두 다 알고 있지만 귀찮아서 하기 싫은 일이 종종 있다. 나는 먼저 생각하지 못했는데 누군가가 하는 것을 보고 사소한 것에 놀랄 때도 있다. 이럴 때 만약 그 일을 한다면 당신은 더욱 눈에 띄게 된다. 그러나 눈에 띄고자 의도적인 행동을 한다면 그 역시 눈에 거슬릴 수 있다. 평소에 '내가 먼저' 하는 습관을 들이는 노력이 인맥을 형성하는 데 큰 도움이 된다.

작은 의미의 친구관계에서부터 큰 의미의 멘토링까지, 이제는 자신만의 인맥관리 방법을 적용시켜 운용할 수 있어야 승자로 살아남을 수 있다. 인맥은 무엇보다 신뢰에서 시작된다. 주의 사람으로부터 '시간을 잘 지키는 사람', '약속을 잘 지키는 사람'으로 인식된다는 것은 그리 쉬운 일이 아니다. 이제부터 인맥은 자신 스스로 만들어 나가야 한다. 당신이 사람 부자가 되는 날까지 말이다.

적자생존의 기술

제4부

나를 바꾸는
건강관리 기술

아침은 '일꾼' 처럼 많이 먹어라

바쁘게 살아가는 현대인에게는 아침식사를 거르기가 일쑤다. 아침을 거르는 가장 큰 이유는 서구문화가 우리 생활에 확산되어 식습관은 물론 생활 패턴까지 바꾸었기 때문이다. 건강을 무엇보다도 중시하는 현대인들은 아침을 챙겨 먹는 것이 건강 유지는 물론 장수의 비결이라고 목소리를 한층 높이고 있다.

많은 영양학자들은 잠을 자는 동안에 소모된 열량을 보충하느라 아침이 되면 허기상태에 이른다고 한다. 그래서 아침을 거르면 공복 시간이 너무 길어져 오전 활동에 필요한 에너지가 부족하기 때문에 아침식사를 거르지 말라고 충고한다.

왜 아침식사를 거르는 사람이 늘고 있을까? 아침식사를 거르는 가장 큰 이유는 "시간이 없어서", "아침에 입맛이 없어서", "아침

적자생존의 기술

을 먹을 필요가 없다고 생각되어서"라고 대답한다. 그러나 이러한 말은 진정한 이유가 될 수 없다.

아침을 거르게 되면 자연히 간식이나 점심식사 때 과식하기 마련이다. 오히려 아침식사를 하는 것보다 더 많은 칼로리를 섭취하게 되어 비만의 원인이 된다. 과식을 하는 습관이나 불규칙적인 식습관은 체지방을 증가시키는 원인이 된다.

아침식사를 거르지 말아야 하는 좋은 자료가 있다. 미국의 한 여론조사기관에서 아침을 굶는 7,000명을 대상으로 조사를 했는데 남자는 100명 중 40명, 여자는 28명이 일찍 죽었다고 한다. 더 말할 나위 없이 아침식사의 중요성을 말해 주는 대목이다.

또 조선시대 『정리의궤』라는 책을 보면 임금들은 잠자리에서 일어난 뒤 '초조반' 또는 '자릿조반' 이라 해서 죽으로 이른 식사를 한 뒤 제대로 된 아침식사를 한 것은 그만큼 아침식사가 다른 끼니보다 중요하다는 증거이다.

아침을 먹으면 공부도 잘 된다. 사람은 낮 동안에 세 끼를 먹으며 밤에는 식사를 하지 않게 된다. 따라서 하루를 여는 아침식사가 어느 때보다도 온종일 활동하는데 에너지원이 된다는 증거가 된다.

수험생이나 학생들이 아침식사를 하면 기억력이 좋아진다. 공부하거나 일을 할 때 두뇌를 활발하게 하려면 뇌의 에너지원인 포도당이 충분하게 공급되어야 한다. 결국 아침을 거르면 집중력

제4부 나를 바꾸는 건강관리 기술

과 사고력이 저하되어 학습이나 일의 능률을 떨어뜨린다. 수학이
나 논리학처럼 집중을 요하는 문제를 풀 때 실수가 적었다는 등
여러 가지 학습 수행능력을 향상시킨다는 것은 아침식사의 중요
성을 뒷받침해 준다.

식사 시간도 매우 중요하다. 아침에서 점심 시간까지의 간격이
짧기 때문에 잠에서 깬 지 1~2시간 정도가 가장 이상적인 시간이
다. 열량 면에서 봐도 점심이나 저녁보다 조금 덜 섭취하는 것이
일반적이기 때문이다.

아침식사의 양은 너무 적거나 너무 많이 먹는 것은 좋지 않다.
보통 포만감이 느껴지는 양의 70% 정도만 먹고, 위에 부담이 되
지 않도록 일어나자마자 물이나 가벼운 차 한 잔으로 위 운동을
촉진시켜 주는 것이 좋다.

일반적으로 하루 권장 섭취 열량은 2,500Kcal인 성인 남성의 경
우 아침에 600~700Kcal, 그리고 점심에 900~1,000Kcal, 저녁에는
800~900Kcal를 배분하는 것이 적당하다.

보통 아침은 점심이나 저녁보다 적게 먹는 것이 좋다고 생각하
고 있지만 사실은 아침을 저녁보다 적게 먹을 하등의 이유가 없
다. 오히려 저녁을 적게 먹고 아침을 충분하게 먹는 것이 좋다.
최근에는 일본이나 홍콩처럼 우리나라에도 직장 근처의 음식점
에서 아침을 집으로 배달하거나 파는 곳이 늘고 있다.

하루 권장 섭취 열량과도 대응되는 표현이 있다. 아침은 '일꾼'

적자생존의 기술

처럼, 점심은 '황제' 처럼, 저녁은 '거지' 처럼 먹어야 한다는 말이다. 다시 말하면 아침은 거르지 말고 반드시 먹어야 한다는 강조의 말로 풀이된다.

다이어트나 살을 빼려고 아침을 거르는 것은 위험천만한 생각이다. 이런 때일수록 하루 섭취 열량이나 영양소의 섭취가 현저하게 줄어들게 되므로 활동이 많은 시간에 에너지를 낼 수 있는 음식물을 섭취하도록 식사 계획을 세우는 것도 건강관리에 많은 도움이 될 것이다. 이때도 아침식사는 필수이다.

억지로라도 많이 웃어라

억지로라도 많이 웃어야 건강하다. 웃음은 스트레스를 진정시키고 혈압을 떨어뜨리고, 혈액순환을 개선시키는 효과가 있다. 미국 스탠포드대 윌리엄 프라이 박사는 사람이 한바탕 크게 웃을 때 몸속의 650개 근육 중 231개 근육이 움직여 많은 에너지를 소모한다고 설명한다. 이는 웃음은 건강을 유지하기 위한 필수 요소임을 단적으로 말해 주는 대목이다.

웃음 전문가들은 한 번 웃는 것은 에어로빅 운동을 5분 동안 하는 운동량과 같다고 말하고, 20분 동안 웃는 것은 3분 동안 격렬하게 노 젓는 운동량과 같다고 할 정도로 웃음이 주는 효과는 매우 크다.

웃음은 몸을 튼튼하게 해 준다. 최근 미국에선 많이 웃는 사람

적자생존의 기술

에게 심장병 발병이 적다는 연구 결과가 나왔다. 인간의 몸에는 기쁘다든지, 즐겁다든지, 기분이 좋을 때에 엔도르핀이라는 호르몬이 분비된다. 낙천적인 사람이 건강하고 오래 사는 것은 이런 결과를 뒷받침해 준다.

우리 몸에는 자율신경으로 내장을 지배하는 교감신경와 부교감신경이 있다. 교감신경은 놀람, 불안, 초조, 짜증의 작용을 하며 생존이나 움직임 등을 위한 신경이다.

반면에 부교감신경은 교감신경이 촉진되면 억제하는 일을 하고, 신체가 흥분되면 심장의 구실을 억제하며 소화기의 작용을 촉진시키는 역할을 한다. 교감신경이 흥분의 역할을 하는 연료라면, 부교감신경은 냉각장치의 역할을 한다.

웃음은 스트레스와 분노, 긴장을 완화해 주는 없어서는 안 될 중요한 요소이다. 흥분상태에서 몸에 편안함을 주는 것이라고 할 수 있다. 웃지 않는다면 냉각장치가 없는 것과 마찬가지여서 과열되어 몸은 스트레스를 받게 된다. 바로 웃음은 스트레스와 분노, 긴장을 완해해 주는 우리 생활에 필수 요소임에 틀림없다.

아이들은 생후 2~3개월 후부터 웃음의 횟수가 많아져 하루에 보통 400번 이상 웃는다고 한다. 6세의 아이도 하루 300회 정도 웃는다. 하지만 성인이 되어 차츰 웃음을 잃어버려 하루 100세 정도가 되면 평균 14회 정도까지 급격히 줄고 심지어 하루에 단 한 번도 웃지 않고 지내는 사람이 많다고 한다.

제4부 나를 바꾸는 건강관리 기술

사람은 기분이 좋으면 누구나 자기도 모르게 저절로 웃음이 나온다는 것은 잘 알고 있는 사실이다. 그러나 억지로라도 웃으면 기분이 좋아지고, 생각이 바뀐다는 것을 아는 사람은 그리 많지 않다. 이는 누군가의 말대로 "행복해서 웃는 것이 아니라, 웃어서 행복하다."는 말에서 알 수 있다. 실제로 하루 45분 웃으면 고혈압이나 스트레스 같은 현대 질병도 치료가 가능하고 환자가 10분 동안 통쾌하게 웃으면 두 시간 동안 고통 없이 편안하게 잠을 잘 수 있다고 한다.

불만스런 인상을 하고 있으면 만사가 못마땅해 보이고 억지로라도 미소를 지으면 기분이 좋아질 수밖에 없다. 얼굴 근육은 사람의 기분에 따르게 움직인다. 대뇌의 감정중추는 표정을 관장하는 운동중추와 인접해 있으면서 서로 영향을 주고받는다. 반대로 표정을 바꾸면 사람의 감정도 달라진다. 이처럼 표정에 따라 감정상태가 달라진다는 이론을 심리학에서는 '안면피드백이론' 이라고 한다.

많은 웃음을 짓기 위해서는 긍정적인 사고를 가지는 것이 중요하다. 긍정적인 사고를 하면 웃음 이상으로 우리 몸을 건강하게 유지하기 위한 아미노산과 같은 필수 요소이다. 마음이 밝고 긍정적인 모습을 보일 때에 뇌로부터 인체의 기능을 활성화시키는 알파파라는 호르몬이 분비되어 생활에 활력이 넘쳐나게 된다.

웃음이 주는 효과는 의학적으로 많은 것을 입증한다. 웃음은

적자생존의 기술

'코티졸' 이라는 호르몬의 과다 분비를 방지하여 스트레스를 극복할 수 있다. 그래서 웃음은 의학적인 가치뿐만 아니라 우리 생활의 활력소가 된다.

웃음은 좋은 운동이자 인체의 면역력을 높여주고 심리적으로 안정감을 더해 주는 특효약이 될 것이다. 웃음으로 하루를 시작하자. 웃음은 겉모습을 아름답게 하고, 인간관계를 친밀하게 하고, 사회에서의 성공의 밑거름이 되기도 하며, 억압된 감정을 발산하여 정화하는 역할도 한다는 것을 잊어서는 안 된다.

하루에 두 번 이상 기지개를 켜라

기지개를 하고 나면 졸음이 달아나고 생기가 돋는다. 이내 뻐근함이 사라지는 것을 느낄 수 있다. 잠을 자고 있는 동안에는 혈액의 순환이 제대로 되지 않기 때문이다. 그래서 몸은 피곤함을 느끼게 되고 뻐근하며 통증을 느끼게 된다.

기지개는 삶의 활력소이다. 아침에 일어나시 기지개를 하다 보면 몸이 부드러운 것을 느낄 수 있다. 학창 시절에 아이들이 졸면 수업을 잠시 멈추고 기지개를 켰던 기억을 떠올려 보자. 그때 선생님들은 어떤 이유로 기지개하는 시간을 주었을까? 경직되고 피곤하여 수업에 집중하지 못하는 학생들이 태반이다. 이런 와중에 기지개를 하면 학생들의 몸은 유연해지고 한결 에너지가 솟아 눈은 또렷해진다.

적자생존의 기술

기지개를 하면 우리 몸에는 어떤 변화가 일어날까? 가슴을 활짝 펴면 몸의 폐에서는 대량의 산소를 받아들이고, 이 산소는 혈액에 의하여 온몸 구석구석까지 순환이 되어 자동적으로 활력이 생기게 된다.

기지개를 펼 때 손가락과 손바닥의 느낌을 잘 살펴보면 뭔가 짜릿짜릿한 느낌이 있을 것이다. 이 느낌이 온몸에 전해져 발가락까지 전달되는 사람은 기혈순환이 원활한 사람이다. 이런 사람은 건강한 사람이다. 반면 기지개를 아무리 켠다 해도 척추가 늘어나지 않거나 몸통은 물론 손바닥에도 아무런 느낌이 없는 사람이라면 근육 층에 어혈이 많이 쌓여 있기 때문이다. 이런 사람이라면 근육을 완전하게 풀어 후에 경추기를 사용해서 척추마디를 늘려주는 운동을 꾸준히 해야 한다.

건강한 사람은 이런 과정을 통하여 몸에서는 활동에 소요되는 에너지가 만들어지기 때문에 졸음이 오지 않는 것이다. 기지개를 켜면 순간적으로 많은 공기를 폐에 확보하게 되어 졸음을 막는 역할을 한다.

기지개는 장시간 의자에 앉아 있는 학생들에게는 필수적인 운동이다. 장시간 의자에 앉아 있으면 척추에 무리한 부담이 가중되기 때문에 자세가 흐트러지면서 근육이나 관절이 경직되게 되어 몸의 피로를 빨리 느낄 수 있다.

우리 몸의 근육은 적절한 자극이 없으면 능력이 저하되고 자연적으로 수축되어 탄력을 잃게 되어 굳어버리게 된다. 오랜 시간 같은 자세로 일하여 근육이 긴장될 때나 반대로 운동으로 근육을 격렬하게 사용하는 경우에도 근육이 수축되어 단단하게 굳어진다.

그래서 근육을 이완시켜 주는 적절한 자극이 필요하다. 우리 몸을 활발하게 하고, 신진대사를 촉진시키기 위해서는 근육의 탄력을 높여주는 운동이 필요하다. 바로 스트레칭이다. 운동선수가 아니더라도 스트레칭을 자주하는 것이 좋다. 스트레칭을 하면 근육이 부드러워지기 때문에 혈액순환에 도움이 되고 몸의 유연성을 높여준다. 유연한 몸은 다양한 동작을 부드럽게 해 줌으로써 움직이거나 활동하는데 신체의 부담을 줄여준다.

하루에 두 번 이상 기지개를 켜라. 기지개는 스트레칭의 하나이다. 멀리까지 나갈 수 없는 상황이라면 자리에서 기지개를 켜 보자. 기지개를 하지 않는 것보다 기지개를 하는 것이 건강을 유지하는 데 몇 배의 효과가 있다.

누군가는 매일 바쁘고 힘든 하루하루를 살아가는데 무슨 기지개를 할 시간이 있느냐고 반문할지 모른다. 하지만 자기 몸을 생각한다면 기지개는 결과적으로 자신을 위한 일이다.

자, 기지개를 활짝 펴 보라. 그리고 신선한 공기를 맘껏 마셔 봐라. 그리고 "오늘은 좋은 날이다."라고 큰 소리로 외쳐 보자. 오늘도 거울 앞에서 활짝 웃는 이유를 부려 보자.

적자생존의 기술

신선한 과일을 많이 먹어라

현대인의 식단은 너무나 다양하다. 시간 절약과 사업의 측면에서 인스턴트식품이 우리의 식생활에 깊숙이 차지하고 있다. 대량생산, 대량소비라는 경제논리 명목으로 방부제 같은 유해물질을 사용하여 영양의 불균형은 우리의 건강을 해치고 있다.

그럼에도 불구하고 우리는 시간의 효용성에 사로잡혀 인스턴트식품에 익숙해져 있다. 하지만 이러한 식품은 인간의 건강 면에서 불완전하고 유해한 식품이다. 오히려 사람의 노력과 손이 들어가 있는 과일이 우리의 건강을 지켜준다.

과일 속에는 비타민과 미네랄, 그리고 식물의 색소에 들어 있는 파이토 케미컬이라는 물질이 많이 들어 있다. 과일은 보통 80% 이상 수분으로 구성되어 있다. 이 수분은 과일에 들어 있는 풍성

제4부 나를 바꾸는 건강관리 기술

한 영양소가 함유되어 있어 우리의 몸을 더욱 건강하게 만들어 준다.

과일은 영양이 풍부하면서도 대부분 체내에 비축되지 않고 곧바로 에너지원으로 활용되기 때문에 수분과 섬유질이 풍부하게 함유되어 있어 이뇨작용이나 소화작용을 도와주는 건강에 가장 좋은 식품이다.

야채와 함께 과일에는 비타민이 풍부하다. 과일의 종류에 따라 그 함량은 다소 다르지만 일반적으로 햇볕을 많이 받고 자란 빨간색 과일은 피를 연상하게도 하며 건강과 에너지를 상징하기도 한다.

과일의 붉은색은 우리 몸 안에서 유해산소를 제거한다고 하여 '청소부' 라고도 말한다. 토마토, 사과, 딸기, 수박 등은 항암효과와 더불어 신체기능을 향상시켜 주는 항산화식품이다. 토마토의 붉은색을 결정하는 라이코펜은 뛰어난 항산화력으로 암을 예방하는 탁월한 효능이 있다.

하버드의대 에드워드 지오바누치 박사는 4만 8천 명의 남성을 조사한 결과, 일주일에 토마토를 10회 이상 먹은 남성은 그렇지 않은 사람에 비해 전립선 암 위험이 35%나 줄었다고 연구 결과를 발표했다.

견과류도 과일 이상으로 좋은 식품이다. 잣, 호두 같은 견과류는 기름기가 많다. 과일 무게의 74%나 되는 식물성 지방과 단백

적자생존의 기술

질 15%를 함유하고 있다. 그래서 고기를 먹지 않고도 필요한 충분한 영양분을 채울 수 있어서 좋다.

특히 잣은 사람의 피를 맑게 해 주고 혈압을 낮춰주며 두뇌의 회전을 좋게 한다. 성인병 예방은 물론 노화 예방에 좋은 식품이다. 잣은 1kg당 660칼로리나 되는 높은 열량을 가지고 있지만 질 좋은 식물성 기름이기 때문에 비만의 원인이 되지는 않는다.

과일에는 우리 몸에 필요한 필수 영양소가 많이 함유되어 있다. 또 대부분의 과일은 저칼로리 식품이다. 경제적으로 여건이 좋아진 요즘에는 과일이나 콩류보다는 고칼로리의 육류를 선호하는 경향이 있다. 고칼로리의 음식의 섭취는 비만을 유발하는 등 영양의 불균형을 초래하여 건강을 해칠 수 있다. 실제로 칼로리가 10%만 증가한다면 우리 몸은 영향을 받는다.

저칼로리 식품으로 식습관을 바꾼다면 몸이 가벼워지면서 기분마저 상쾌함을 느낄 수 있을 것이다. 무엇을 먹느냐에 따라 하루의 건강을 좌우하게 된다. 당신의 식습관이 평생을 결정한다.

이제는 식습관을 바꿔야 한다. 신선한 과일을 많이 먹어야 한다. 식습관을 바꾸면 생활도 전보다 훨씬 편할 것이다. 식습관이 변하면 익숙해진 사탕이나 햄버거보다 과일이나 견과류 쪽으로 당신의 손이 먼저 갈 것이다.

손 안에서 건강을 찾아라

건강은 멀리 있는 것이 아니라 아주 가까운 곳에 있다. 바로 우리의 손에서 건강이 시작된다. 제대로 손을 알고 손을 관리하는 것이 건강의 시작이 있는 셈이다.

손은 단순하지가 않다. 우리 손은 '인체의 축소판' 이라고 불릴 정도로 중요한 역할을 한다. 대뇌 반구의 운동영역 중에서 손을 관장하는 부분이 전체의 1/2 이상이라는 것만 봐도 그렇다. 모든 병은 손에서 비롯된다. 손을 자주 움직이는 사람만이 건강하다.

손톱의 색과 형태만으로도 몸의 건강상태를 알 수 있다. 손이 건강한 사람은 머리도 좋다거나, 부드럽고 핑크색을 띠며 따뜻하다. 손이 따뜻한 사람이 건강하다는 것은 옳은 말이다.

건강하고 예쁜 손은 탐이 난다. 남자들이 얼굴 다음으로 중요하

적자생존의 기술

게 여기는 신체 부위가 바로 손이다. 꼭 얼굴이 예쁘지 않더라도 손이 예쁘면 상대방을 다시 보게 될 남자들이 있을 것이다.

손은 얼굴과 마찬가지로 외부에 노출되는 시간이 비교적 길다. 또 자주 씻기 때문에 피부의 천연 피지막이 손상되기 십상이다. 주름도 금방 생기고 노화도 빨리 진행된다. 평상시 손을 잘 관리해야 할 필요성이 있다.

호두를 만지작거리거나 손을 비비는 것이 그 하나의 일례이다. 그러면 혈류가 개선되어 산소와 양분이 충분히 공급되고 손이 따뜻해지는 효과를 얻을 수 있다.

손이 제대로 관리되지 않는다면 건강을 해치는 주범이 될 수가 있다. 겉보기에는 하얗고 깨끗해 보이지만 우리들의 손에는 많은 세균이 잠자고 있다. 사람들의 한쪽 손에는 약 6만 마리 정도의 세균이 있다고 한다.

일반적으로 감기는 코를 통해서만 전염되는 것으로 알려져 있지만 사실은 그렇지 않다. 흔히 감기든 독감이든 바이러스가 직접 입으로 전달되기보다는 바이러스가 손에 묻어 있다가 입이나 코에 댐으로써 감염되는 경우가 대부분이다.

화장실을 사용하거나 코를 푼 후 혹은 음식을 취급하기 전에는 손을 깨끗하게 씻지만, 책이나 돈을 만지고 나서는 그렇지 않은 경우가 많다. 오래된 책이나 돈은 세균의 주요 서식처이다.

컴퓨터나 키보드와 마우스 등을 사용했을 때에도 엄청난 세균

제4부 나를 바꾸는 건강관리 기술

이 묻는다. 평소 손으로 얼굴을 만지거나 침을 묻혀 책장을 넘기는 버릇도 고쳐야 한다.

특히 공중화장실의 변기 손잡이와 수도꼭지를 만졌을 때에는 감기의 원인이 되는 '라이노 바이러스' 와 접촉했을 가능성이 높다. 이때 반드시 손을 씻어야 한다.

아무리 손을 여러 번 씻는다 해도 그냥 물에 손만 대충 비비기만 하면 아무 소용이 없다. 흐르는 미지근한 물에 손과 팔을 적셔서 충분한 양의 비누로 거품을 내야 효과적이다.

'1830운동' 이란 말을 들어 보았는가. 건강을 위해 1일 8회, 30초 이상 손씻기를 하자는 의미이다. 이 표어는 '손씻기' 가 우리 건강에 얼마나 중요한가를 강조하며 제대로 된 손씻기 방법을 강조하고 있다.

손톱으로 손바닥을 긁듯이 여러 번 반복해서 씻어내고 양 손바닥을 골고루 문지르며 깍지를 끼고 문질러 손가락 사이사이도 골고루 씻어야 한다. 팔목도 노출된 부위이므로 잊지 말고 씻어주도록 하자.

무엇보다도 '1830운동' 을 펼치는 전문가들은 사람의 손에 감염된 바이러스는 3시간 이상 활동해 하루 최소 8번은 씻어야 손으로 인해 전염되는 질병을 예방할 수 있다고 한다. 평소 손으로 얼굴을 만지거나 침을 묻혀 책장을 넘기는 버릇도 고쳐야 한다.

손 안에는 모든 비밀이 숨어 있다. 손 안에서 자신의 건강을 찾

적자생존의 기술

아라. 질병의 60%가 손을 통하여 건강이 유지된다는 사실을 기억하자. 훌륭한 부모라면 자녀에게 손을 올바르게 관리하는 재산을 물려주자. 손을 관리하는 습관은 건강을 지키는 최고의 비결이다.

물을 많이 마셔야 건강하다

물은 생명의 근원이며 삶에 활력소 역할을 한다. 우리의 몸은 60~70%가 물로 구성되어 있다. 사람은 건강한 활동을 하기 위해서는 끊임없이 물을 먹어야 한다. 신선하게 공급된 물은 변비의 해소를 돕고 장 점막을 정화하여 영양 섭취가 더욱 효과적으로 이루어지게 한다.

물을 마시는 양은 사람에 따라 직장에 따라 다르다. 육체노동을 많이 하고 가공식품을 즐겨 먹고 술 담배를 하는 사람은 그렇지 않은 사람에 비해 더 많은 물의 섭취가 필요하다.

물은 우리 인체에 들어가면 체온을 조절해 주고 관절의 윤활제 역할과 변비를 예방하는 데 도움을 준다. 또 영양소와 산소를 세포에 운반하기도 한다.

적자생존의 기술

보통사람들은 하루에 2리터 이상의 물을 마셔야 하는데 소변의 색깔이 무색투명할 때까지 물을 마시는 것이 좋다. 페트병에 하루에 마실 물을 담아 늘 가까이 두고 있어야 물 마시는 것을 잊지 말아야 한다.

물을 마실 때에는 갑자기 한꺼번에 들이키지 말고 조금씩 자주 마시는 것이 좋다. 물을 한꺼번에 많이 마시면 오히려 혈액 속의 나트륨을 희석시켜 체액불균형을 초래할 수도 있다.

의학 전문가들은 물을 마실 때 1분에 1cc 정도를 기본으로 해서 한 컵의 물을 마실 경우 5분 정도의 시간을 들여 천천히 한 모금씩 마실 것을 권한다.

바트만게리지 박사는 아침에 일어나자마자 한두 잔, 식사 30분 전에 한두 잔을 마셔야 한다고 권고한다. 이렇게 하면 적절한 소화를 위해 미리 몸을 준비시키고 체중 조절을 도우며 질환을 예방하게 된다고 한다.

물에 대해 연구한 미하엘 보슈만 박사는 "매일 1.5~2l 분량의 물을 마시면 연간 3만 6,000cal의 에너지를 소모할 수 있다."면서 "이는 5kg 분량의 지방을 태워 없애는 효과에 해당한다."고 말했다.

그는 "효과적인 체중감량을 원한다면 식사량 조절, 적당한 운동과 더불어 매일 규칙적으로 식전에 0.5l의 차가운 물을 마시라."고 권고했다.

매끼 식사 2시간 후에도 한두 잔을 마셔서 물 섭취가 하루 전체를 통해 균형 있게 이루어지도록 한다. 자기 전에도 한 잔을 마시면 편안한 수면에 도움이 된다.

물은 인체 내의 독소를 없애는 데 중요한 역할을 한다. 스트레스가 심할 때, 잠을 제대로 못자서 몸이 찌뿌듯할 때, 더운 날씨에 몸이 축 처져 있을 때, 우리 몸은 자동적으로 물이 필요하다는 강한 신호를 보낸다.

한마디로 몸이 부정적인 반응을 보이고 있을 때, 물은 몸 안의 노폐물인 독소를 밖으로 내뿜어내어 활력을 찾게 하는 작용을 한다. 물 한잔이 위와 장을 깨어나게 하는 것은 이미 잘 알려진 사실이다.

물은 어떠한 자원보다도 필요한 생명 유지의 원천이다. 물이 없는 세상을 상상해 보라. 하루도 견디지 못하고 살 수 없을 것이다. 물은 사람뿐만 아니라 동물, 식물에까지 없어서는 안 될 필수적인 존재이다.

우리 몸이 필요로 하는 수분 공급이 이루어지지 않으면 바로 탈수증으로 이어지고 쉽게 피로를 느끼게 된다. 이러한 증상이 자주 나타나면 변비, 피로, 노화 등으로 이어져 만성 질병의 원인이 되기도 한다.

물을 많이 마셔라. 물을 많이 마셔야 건강하다는 것은 다 알고 있다. 그러나 실천하기가 어렵다. 물은 우리 몸을 이루는 다양한

적자생존의 기술

세포들에게 주요한 영양분과 생활의 에너지를 공급해 준다. 물은 당신의 늘어진 허리를 올려줄 것이고 모든 질병으로부터 해방시켜 줄 것이다.

올바른 칫솔법을 배워라

예로부터 '치아는 오복 중의 하나' 라는 말이 있을 정도로 개인의 삶에 중요한 것으로 여겨져 왔다. 동서양이 미인 선발 기준에서 많은 차이가 있었으나, 공교롭게도 미인 기준으로 우선시되었던 것 중 하나가 하얀 치아였다.

치아는 바로 이렇게 한 사람의 외양을 돋보이게 하거나, 신체적으로나 심리적으로 안정감을 가져다 주는 역할을 한다. 특히 하얀 치아는 상대방에게 좋은 인상을 심어준다.

『치아관리만 잘해도 인상이 바뀐다』는 책이 있다. 동감하는 책 제목이다. 치아관리만 잘 해도 인상이 바뀜은 물론이요, 일상이 바뀌고, 인생이 바뀔 수 있다는 내용이다. 인상이 바뀌면 그를 바라보는 사람들의 시각이 달라진다. 그러면 이전보다 다르게 생각

적자생존의 기술

하고 매사에 적극적으로 사람들을 대할 수 있을 것이다.

사람들을 자주 만나는 영업사원이라면 잘 관리된 치아 자체만으로도 상대에게 좋은 인상을 줄 수 있다. 소위 점수를 딸 수 있다. 그 인상 하나만으로 일의 효용은 배가 될 수 있다. 치아관리의 효과는 자신감을 갖게 해 주고, 상대방에게 호감과 끌림을 주는 역할을 할 수 있다.

치아를 관리하는 것은 어떻게 보면 사소한 일이다. 하지만 그 작은 것이 정서적으로 자신과 확신을 부여케 하는 일임은 부인하지 못할 것이다. 인상이 일상의 변화를 넘어 일생의 변화를 주는 중요한 요인임을 다시 한 번 기억하자.

요즘엔 치아를 잘못 관리하여 고통을 호소하는 사람들이 늘어나고 있다. 바로 칫솔질을 잘못해 치아가 마모되고 잇몸이 손상된 것이다. 칫솔질을 제대로 해야 한다는 것은 누구나 알고 있다. 그러나 어떻게 해야 올바르게 하는 것인지 아는 사람은 많지 않다.

대부분의 사람들은 치아 왼쪽과 오른쪽, 윗니와 아랫니를 왔다 갔다 하면서 순서 없이 이를 닦는다. 이렇게 이를 닦으면 잘 닦이지 않고 빼먹는 곳이 생기기 마련이다.

이를 닦을 때는 반드시 순서를 지켜야 한다. 입 안 구석구석 모든 치아를 깨끗이 닦으려면 순서를 정해 닦아야 한다. 칫솔질할 부위는 입 안의 상하좌우, 각각의 안쪽과 바깥쪽 등 보통 8개 부

제4부 나를 바꾸는 건강관리 기술

분으로 나눈다.

순서는 아랫니 안쪽부터 먼저 닦는 것이 좋다. 침샘이 아랫니 옆에 있어 윗니부터 닦으면 닦는 동안 아랫니 쪽에 침이 생겨 아랫니를 깨끗이 닦을 수 없기 때문이다.

이를 잘 닦지 않은 부위는 2~3시간 지나면 세균으로 이뤄진 투명한 막인 플라그가 생긴다. 플라그는 충치와 잇몸질환을 일으키므로 올바른 칫솔질을 통해 반드시 없애야 한다. 칫솔질만 잘하면 플라그가 제거돼 치석의 생성을 막을 수 있어 좋다.

건성으로 칫솔질을 하면 아무런 효과가 없다. 칫솔질은 보통 하루 3~4회 하는 것이 좋다. 그러나 최소한 하루에 한 번만이라도 3분 이상 시간을 들여 제대로 닦는 습관을 들여야 한다.

칫솔질을 할 때 칫솔모에 치약을 묻힌 뒤 습관적으로 물을 묻히는 사람들이 있다. 물을 묻히면 거품이 많이 일기 때문에 칫솔질이 잘 된다는 느낌을 받는다. 하지만 마른 칫솔에 치약을 묻힌 상태에서 그냥 칫솔질을 하는 것이 더 효과적이다.

칫솔질 하나로 치아 건강을 지킨다는 것은 아주 쉬운 것 같지만 바른 습관을 길들이지 못하면 매우 어려운 일이다. 올바른 칫솔법을 배워라, 그리고 이를 닦을 때에는 반드시 순서에 따라 칫솔질을 하여야 한다.

치아 건강을 위해 생활 습관을 고쳐 보자. 상식적인 말로 들리겠지만 처음 듣는 말처럼 들어보는 건 어떨까. 하루 3번, 식후 3분

적자생존의 기술

이내, 3분 동안 양치질을 하자. 식사 후 양치질이 어려울 경우 물로라도 헹구자. 손가락으로 입 주위를 톡톡 쳐줘 보자. 경혈이 자극되어 치아가 튼튼해진다.

무엇보다 이를 잘 관리하는 방법 중 하나는 식습관에 있다는 것을 명심하자. 식사를 하고 양치질을 한 다음에는 음식물을 먹지 말아야 한다. 아무리 맛있는 음식이 유혹하더라도 이러한 유혹을 과감하게 물리치는 방법이 치아를 가장 건강하게 보존하는 방법이 될 수 있다.

제4부 나를 바꾸는 건강관리 기술

편견은 빨리 버려라

보통 사람들은 많은 시행착오를 거치면서 살아가고 있다. 우리는 편식이 몸에 나쁘다는 것은 누구나 다 알고 있는 사실이다. 그러나 편식하는 사람이 그 습관을 고치는 것은 그리 쉽지 않은 일이다.

편식하는 이유가 여러 가지가 있을 수 있지만, 너무 오래 먹다 보니 질려서, 내 입맛에 맞지 않아서, 나쁜 경험 때문이라고 이야기 하지만 이유는 하나이다. 자신이 받아들이지 못하는 지극히 주관적인 이유 때문이다. 좋아서 선택한 일이라면, 자신이 선택한 책임 때문에 질리지 않았을지도 모른다.

누구나 편견은 다 가지고 있다. 편견을 가지고 있는 사람이라면 모든 사물이 부정적으로 보일 것이고, 또 결과도 부정적인 결과

적자생존의 기술

를 경험할 것이다. 세상의 모든 사물과 현상이란 어느 쪽에서 바라보느냐에 따라, 어떻게 생각하느냐에 따라 달라진다. 이런 관점의 차이는 인생의 성패를 좌우하는 중요한 요소가 된다.

특히 현대인들은 식품에 대한 관심이 높아가고 있다. 식품에 대한 일반인들의 상식을 곰곰이 따져 보면 과학적 근거가 불분명한 것이 많고, 일부 근거가 있다고 해도 지나치게 부풀려진 경우가 많다.

일단 편견이 일상생활에 고착이 되면 이후에 아무리 올바른 정보가 주어지더라도 자신의 편견을 강화하는 정보만을 선택적으로 받아들이게 되어 더욱 완고해지고 자기 방어적인 논리도 한층 정교해지기 마련이다. 잘못된 편견은 빨리 버릴수록 좋다.

많은 사람들은 육류를 많이 섭취하면 비만이나 심장병, 뇌졸중을 일으킨다는 편견을 가지고 있다. 이런 말은 과체중이나 비만이 60%인 미국인에게나 해당되고, 육류 섭취량이 적은 한국인에게는 적용이 안 된다. 많은 전문가들은 과일이나 채소의 섭취를 늘리라고 말하지만 육류 섭취도 건강을 유지하는 데 필요하다고 주장하는 사람이 많다.

경제가 너무 어려워서 육류를 많이 섭취하기가 어렵다. 과일이나 채소가 건강에 좋다는 인식은 잘못된 말이다. 오히려 과일에 함유된 과당은 포도당보다 혈중 지질을 증가시켜 고지혈증이나 만성질환의 원인이 될 수 있고, 요산 수치를 높여 통풍의 원인이

제4부 나를 바꾸는 건강관리 기술

될 수 있다는 전문가도 있다.

지방은 무조건 나쁘다는 말도 잘못된 표현이다. 지방이라고 다 나쁜 것은 아니다. 한 식품에 한 종류의 지방만 함유된 것은 아니다. 지방산의 비율 등을 고려할 필요가 있다. 그리고 포화지방산은 나쁘고, 불포화지방산은 좋다고 생각하는 사람도 많다. 포화지방산은 주로 에너지원에 쓰이고, 불포화지방산은 세포막이나 호르몬 등을 구성하는 필수 성분이기 때문에 골고루 섭취하는 것이 건강에 좋다.

프랑스인들이 미국인보다 포화지방 등 지방 섭취가 많음에도 불구하고 심장질환이 상대적으로 훨씬 적게 발생한다는 것은 '프렌치 패러독스'라고 한다. 이는 지방 자체에 문제가 있다기보다는 지방과 와인, 올리브 등 항산화 영양소가 풍부한 식품을 적절하게 잘 섞어 먹는 것이 중요하다는 사실을 보여주는 사례가 된다.

편견은 식품을 떠나 우리 일상생활에 자리를 잡은 지 오래된 일이다. 예를 들면, 안경을 쓴 사람에게 안경을 왜 썼냐고 물으면 대개는 "안 보여서 썼다."라고 대답한다. 그러나 올바른 대답은 "잘 보려고 썼다."고 해야 한다.

TV를 가까이서 보면 눈이 나빠진다는 말이 있다. TV를 가까이서 보면 광선이나 전자파로 인해 눈이 피로해질 수 있지만, 그것으로 인해 시력이 떨어지는 것은 결코 아니다. 이런 선입견은 이

적자생존의 기술

미 눈이 나쁘기 때문에 TV를 가까이서 보는 것을 오해하여 생긴 말이다.

시력이 떨어지는 것은 수정체와 망막까지의 거리가 일치하지 않기 때문에 일어나는 현상이다. 전문가들은 유전적인 요인이 더 크다고 말한다. 마찬가지로 어두운 곳에서 책을 보거나, 책을 가까이에서 본다고 눈이 더 나빠지는 것은 근거가 없는 말이다. 이런 현상이 모두 편견에서 비롯된 말이다.

지혜로운 사람은 현실에 안주하지 않고 앞을 내다보며 산다. 편견을 넘어서 항상 사고하고 행동한다. 세상의 사물이란 보는 사람의 눈에 달려 있다. 항상 긍정적이고 개방적인 사고로 미래를 활기차게 열어 보자.

건강은 하늘이 준 선물이다

건강이란 무엇인가? 진시황은 무엇 때문에 서복으로 하여금 불로초를 구할 것을 지시했을까. 온 세상을 얻어도 건강을 잃는다면 삶에 무슨 의미가 있을까. 인간의 삶을 살게 하는 것은 오르지 건강이니 바로 그것이 문제이다.

"사람이 돈을 잃으면 조금 잃은 것이고, 명예를 잃으면 반을 잃은 것이고, 건강을 잃으면 전부 잃는다."라는 말이 있다. 또 "건강한 자에게는 소망이 있고, 소망이 있는 자에게는 모든 것이 있다."라는 아라비아 속담이 있다. 이는 우리가 한평생 살아가면서 무엇보다도 중요한 것이 '건강'이라는 말이다.

사람들은 건강의 중요성을 알면서도 자신의 건강관리에 대해서는 소홀한 것이 현실이다. 허약한 몸이 갑자기 건강해질 수는

적자생존의 기술

없다.

건강은 자신을 위하여 틈틈이 관리하는 것이 필요하다. 건강관리는 자신의 가치를 더욱 고양시키는 일이요, 미래의 중요한 인적자원이기도 하다.

작은 습관 하나가 모여서 당신의 건강한 몸을 만들어 준다. 더 젊고 건강하게 살 수 있도록 도와주는 건강습관을 가져야 한다.

매일 가족과 스킨십을 해라. 아이만 스킨십으로 건강해지는 것이 아니다. 엄마도 아빠도 적당한 스킨십이 있어야 정서적으로 안정이 되고 육체적으로 활기차게 살아갈 수 있다.

스킨십을 자주하는 부부는 그렇지 않은 부부보다 최고 8년은 더 젊고 건강하게 살 수 있다고 한다. 연애할 때처럼 자연스럽게 손잡고 안아주는 생활 습관이 사람을 건강하게 만들어 준다.

생선을 많이 먹어야 건강하다. 세계의 장수촌을 살펴보면 공통적으로 등 푸른 생선을 먹는다. 한 달에 한 번 정도만 생선을 먹으면 심장병 예방에 효과가 있다는 연구 결과가 있다. 햄버거나 감자튀김 등의 패스트푸드 섭취를 줄이고 갈치, 연어, 참치, 굴, 새우 등을 많이 먹어야 건강을 유지할 수 있다.

음식은 반드시 10번 이상 씹고 삼켜라. 의사들이 말하는 것처럼 30번씩 씹어 넘기려다 세 숟가락 넘기기 전에 포기하지 말고, 10번이라도 꼭꼭 씹어서 삼켜라. 고기를 먹으면 10번이 모자라겠지만 라면을 먹을 때도 10번은 씹어야 위에서 자연스럽게 소화시킬

제4부 나를 바꾸는 건강관리 기술

수 있다.

매일 15분씩 낮잠을 자라. 피로는 쌓인 즉시 풀어야지 조금씩 쌓아 두면 병이 된다. 눈이 감기면 그때 몸이 피곤하다는 증거다. 억지로 잠을 참는 것보다는 잠깐이라도 눈을 붙여라. 짧은 시간이지만 오전 중에 쌓인 피로를 말끔히 풀고 오후를 활기차게 보낼 수 있다.

오른쪽 옆으로 누워 무릎을 구부리고 자라. 세상에서 가장 편안한 자세는 아이가 엄마 뱃속에 들어 있을 때, 바로 그 자세다. 심장에 무리를 주지 않도록 오른쪽으로 돌아누워 무릎을 약간 구부리는 자세로 있으면 가장 빨리 숙면에 빠질 수 있고 잠을 자는 중에 혈액 순환에도 큰 도움이 된다.

자기 건강을 위하여 투자한 만큼 건강해지는 것은 절대 아니다. 그러나 자신을 위한 건강 투자를 아까워해서는 안 된다. 자신을 사랑하는 자는 자신의 건강관리를 아까워하지 않을 것이다.

건강은 하늘이 준 최고의 재산이다. 건강은 가꿔 나가야 하는 후천적인 재산이라는 것을 명심해야 한다. 아무리 바빠도 자신 건강을 위해서는 많은 시간을 투자해야 한다. 그러면 당신의 건강은 놀라울 정도로 좋아질 것이다.

적자생존의 기술

걷기 운동을 많이 하라

많은 사람들이 비만에 시달리고 있다. 현대인의 가장 큰 적이다. 비만을 예방하거나 탈출하기 위한 최고의 방법은 바로 '걷는 운동' 이다.

미국의 케네디 대통령의 어머니 로즈여사는 90세가 넘도록 매일 4~5km을 걸었고, 트루먼 대통령도 걷는 운동을 꾸준히 하여 88세까지 장수했다. 또 미국의 아이젠하워 대통령도 걷는 운동으로 심장병을 치료하였고, 루즈벨트 대통령도 오로지 걷는 운동 하나만으로 천식을 완치하였다.

최근 한 연구 조사에서도 자전거 타기와 걷기 운동을 비교한 결과, 걷기 운동이 지방 연소에 가장 효과적인 것으로 나타났다. 자전거 타기도 많은 운동 효과가 있다. 그러나 자전거 타기는 주로

제4부 나를 바꾸는 건강관리 기술

하체의 근육만을 사용하기 때문에 걷는 것만큼 운동 효과를 볼 수 없다. 걷기는 팔과 어깨는 물론 전신의 근육을 두루 사용하기 때문이다.

걷는 것보다 더 좋은 운동은 없다. 걷기 운동을 하면 열량의 원천으로 되는 피 속의 당분이나 중성지방이 소비된다. 중년 또는 노년기에 들어선 사람들은 젊은이들에 비해 걷기 운동에 의한 혈당이나 중성지방이 낮아지는 속도가 빠르다. 식사를 한 다음 1시간 정도 이런 운동을 하면 이러한 효과를 볼 수 있다.

평소 몸을 움직이면 땀을 흘리기 마련이다. 땀을 흘리고 나면 당장 기분이 좋아진다. 그 이유는 체내에 쌓인 지방이 점점 감소되고, 생활에 활력이 생기면서 몸에 강한 에너지가 충전되기 때문이다.

빈혈이 있는 사람은 걷기 운동을 하면 호흡수가 늘어나고 깊어지며 심장도 빨리 뛰게 된다. 이런 현상은 피 속에는 적혈구나 혈색소의 양이 많아지기 때문이다. 질병이 있는 사람은 운동을 할 때 효과적으로 걸어야 한다.

무조건 보폭을 크게 한다고 해서 운동 효과가 높아지는 것은 아니다. 무리하게 보폭만 넓게 하면 오히려 걸음의 속도가 떨어져 운동 효과가 떨어진다. 식사를 한 후 곧바로 걷는 것은 오히려 건강을 해칠 수 있다.

식사 후 2시간이 지난 후에 하는 것이 좋다. 2시간을 고집하는

적자생존의 기술

이유는 음식물이 위장에 들어가서 소화하는데 걸리는 최소한의 시간이 지나야 하기 때문이다.

걷기 운동을 꾸준히 하면 체중조절에 도움이 된다. 일주일에 5일 이상, 하루에 30분 이상 걸을 경우 200kcal가 연소되며 신진대사가 촉진되어 체중관리에 큰 도움이 된다.

체지방은 운동을 시작하자마자 즉시 연소되는 것이 아니라 활동을 시작한 지 30분이 지난 뒤부터 비로소 연소되기 시작한다. 단 시간 내에 격렬한 운동보다는 매일 꾸준하게 운동하는 것이 효과적이다.

규칙적이고 꾸준하게 운동을 하면 급격한 에너지가 소모되지 않기 때문에 지방 세포로부터 에너지를 추출하는 효소의 활동력이 높아져 에너지 공급이 원활해지기 때문이다. 이때 우리 뇌 속에는 베타 엔도르핀이라는 호르몬이 분비된다.

이 호르몬은 사람의 고통을 경감시켜 주는 효능이 있다. 우울증이나 스트레스 예방에도 큰 도움을 준다. 걷고 나면 기분이 좋아지는 이유도 바로 이 호르몬 때문이다.

새벽 운동을 하는 사람이 늘고 있다. 새벽 운동은 기분을 좋게 하는 '아드레날린'이 분비가 왕성하여 기분을 상쾌하게 해 주는 장점도 있지만, 심장병이라든지 다른 질병을 가진 사람들은 새벽 운동을 하면 몸에 무리가 올 수도 있어 조심해야 한다.

움직이면 움직인 만큼 기분 전환에 좋다. 행복에 긍정적인 영향

제4부 나를 바꾸는 건강관리 기술

을 주는 새로운 경험을 할 수 있는 유일한 공간이다. 똑같은 코스를 걸어도 마주치는 사람, 나무들의 변화, 구름의 움직임의 다양한 모습은 언제나 새로운 볼거리를 선사한다.

걷는 운동은 당신의 축 늘어진 어깨를 활기차게 펼쳐줄 것이다. 세상에 걷는 운동보다 더 좋은 운동은 없다. 움직일수록 새로운 에너지가 충전될 것이고, 당신의 몸에 있는 새로운 에너지가 아름다운 향기로 승화되어 새로운 내일이 당신을 기다릴 것이다.

적자생존의 기술

적게 먹고 많이 움직여라

경제 위기와는 관계없이 자동차는 나날이 늘어나고 있다. 젊은 사람들은 집은 없어도 자동차는 꼭 필요하다는 공감대가 형성되면서 차량은 나날이 늘어나고 있다.

국토해양부는 작년 말 현재 자동차 등록대수가 1,678만대가 넘었다고 밝혔다. 차종별로 보면 승용차가 1,248만 4,000대로 74.3%를 차지하여 1위를 달리고 있다. 인구 3명 당 자동차 1대씩 보유하고 있는 셈이다.

사람들은 가까운 거리든, 먼 거리든 걷는 것보다는 편리한 자동차를 이용하여 이동한다. 자동차 문화에 익숙한 현대인들은 조금만 걸어도 다리가 아프고, 움직이는 것조차 포기하고 살아가고 있다. 이런 시대의 변화로 사람들은 움직이는 양이 줄어들었다.

몸을 움직이고 나면 기분이 좋아진다. 몸을 움직이면 잠 잘 때 뇌에서 '멜라토닌'과 '성장호르몬'이 분비되기 때문이다. 나이가 들어감에 따라 활동량이 줄어들게 되면 자연이 노화가 빨리 오게 된다.

운동량을 늘리는 것이 젊게 사는 비결이다. 세포가 위축되고 세포내 산소 이용기구인 미트콘드리아의 숫자가 줄어드는 것이 노화인데 이런 현상은 운동이 부족한 젊은 사람에게도 찾아온다. 운동을 많이 하면 할수록 성장호르몬의 분비가 촉진되어 노화방지를 막아준다.

운동을 해서 흘리는 땀은 유산소성 에너지 대사 과정 중 탄수화물이나 지방을 사용하고 태워진다. 땀은 체온이 37℃가 넘어갈 때 열을 몸 밖으로 배출하는 것이다. 99%의 물과 나트륨, 염소, 칼륨, 마그네슘, 암모니아 등의 이온으로 구성된 묽게 탄 소금물이다.

땀 속의 유산염은 탄수화물과 지방의 대사작용으로 생긴 독성물질이다. 또한 단백질에서 생긴 노폐물과 땀 속의 요소와 암모니아도 몸속에 축척되면 통풍이나 혼수상태를 불러오기도 한다. 그래서 우리는 땀을 통해 몸 밖으로 몰아내야 한다.

이렇게 땀은 신장이나 대장에서 처리하지 못하는 노폐물을 몸 밖으로 내보냄으로써 몸이 원활하게 순환할 수 있도록 도와주는 역할을 한다. 땀을 흘리고 나면 기분이 좋아지고 몸이 가벼운 것

적자생존의 기술

도 이 이유 때문이다. 그래서 땀은 삶의 활력소요, 에너지원이라고 부른다.

저녁식사를 하고 누워서 TV을 시청하는 것보다는 가족과 함께 가까운 장소를 선택하여 신선한 공기를 마시며 걷는 것이 효과적이다.

적당한 운동량은 1주일에 20시간 정도가 좋다. 이렇게 규칙적으로 운동하는 사람은 피가 엉겨서 생기는 뇌졸중 발생 확률이 걷지 않는 사람보다 훨씬 낮아지고, 심장마비에 걸릴 위험도 절반으로 줄어든다고 한다. 적게 먹고 많이 움직여야 한다.

'적게 먹어서 걸린 병은 다시 먹으면 낫지만, 많이 먹어서 걸린 병은 화타(고대 중국의 명의)가 와도 고치지 못한다' 는 의학 격언도 있다. 건강을 지키는 가장 좋은 방법은 적게 먹는 것이다. 비만은 나쁜 식습관에서 비롯되는 경우가 많다. 하루 식사량을 평소보다 500~600kcal 정도 줄이고 가능하면 탄수화물을 적게 먹어야 건강하다.

잡곡밥 위주의 섬유질이 풍부한 식사를 하고 가공식품보다는 직접 조리한 신선한 식품을 먹는 것이 다이어트에 좋다. 설탕이 많이 든 과자나 초콜릿, 아이스크림 등은 지방까지 같이 들어 있어 비만을 부르는 다이어트의 천적이다. 현미나 야채, 과일을 많이 먹는 것이 좋다.

적게 먹고 많이 움직여라. 누구든지 자신의 건강을 지키기 위하여 많은 노력을 한다. 많은 시간을, 많은 돈을 투자하여 건강을 지키는 것보다 자신의 생활 습관을 바꿔 건강을 돌보는 것이 무엇보다 중요하다. 아무리 바빠도 자신을 위하여 하루에 조금씩 시간을 투자한다면 매일 최상의 컨디션을 유지할 수 있을 것이다.

적자생존의 기술

젊게 사는 방법을 배워라

젊음은 힘이 넘치고 건강하며 아름답다. 젊음이란 건강함의 표상이 되기도 하고 항해를 위한 좌표가 된다. 많은 사람들은 항상 젊음을 염원한다. 젊게 사는 방법을 배워야 한다.

엘리자베스 테일러 같은 세기의 미인이 9번이나 결혼했던 것도 그녀가 젊은 피부를 유지했기에 가능하지 않았을까. 외국 속담에 '미는 단지 겉가죽에 불과하다' 는 말도 있지만 젊음은 우리의 마음을 설레게 하는 것은 틀림없는 사실이다.

우리는 '젊음=건강' 이 성립됨을 직감적으로 알고 있다. 건강이란 우선 몸의 건강을 상기시킨다. 건강한 신체에 건강한 정신이 깃든다고 한 것도 같은 맥락이다.

하지만 몸의 건강 못지않게 마음의 건강 역시 중요하다. 이른바

제4부 나를 바꾸는 건강관리 기술

사람이 건강하다는 것은 몸과 마음이 모두 건강하다는 뜻이다.
건강하게 사는 것, 다른 사람보다 젊게 산다는 것은 어떻게 보면
그리 쉬운 일은 아닐 것이다.

그렇다고 불가능한 것도 아니다. 젊게 산다는 것은 피터팬처럼
똑같은 나이와 젊음을 유지하는 것이 아니라 말 그대로 '젊게 산
다'는 것이다. 다시 말하자면 청년의 생각과 행동으로 산다는 것
이다. 그러면서 보통의 젊은이처럼 건강한 모습을 유지하는 것
이다.

나이에 상관없이 젊게 사는 방법을 배워야 한다. 그것이야말로
자신을 사랑하는 길이기 때문이다. 젊게 사는 방법은 여러 가지
가 있다. 예를 들면, 비타민과 미네랄의 적정한 섭취, 금연과 금
주, 즐겁게 살면서 스트레스를 풀거나 항상 무엇인가를 배우려고
도전하는 것도 좋은 방법이 될 수 있다.

이처럼 젊음은 먼 곳에 있는 것이 아니다. 바로 당신의 마음가
짐에 있다. 과욕을 부리지 말고 마음을 즐겁게 가져야 한다. 욕심
은 끝이 없고 한이 없다. 욕심을 버려야 한다.

끝없는 욕심에 대한 예화를 소개하고자 한다. 물고기를 잡아먹
으려는 갈매기가 몇 마리 떠돌고 있었다. 그중에 한 갈매기가 큰
물고기를 발견하고 쏜살같이 내려가 물고기를 낚아챘다. 얼마나
큰 물고기인지 혼자 처리할 수 없어서 갈매기 몇 마리가 거들어
주었다.

적자생존의 기술

다함께 먹어야 할 물고기인데도 늙은 갈매기는 혼자 먹을 양으로 입을 크게 벌려 물고기를 통째로 삼켰다. 그러나 날카로운 물고기 비늘 때문에 갈매기 목구멍은 찢어져 고통에 뒹굴다가 그냥 죽어버렸다.

단지 예화에 불과하지만, 우리에게 주는 실제적인 교훈은 너무나 크다. 인간이 지나친 욕심을 가지면 자연히 스트레스가 생기기 마련이다. 욕심과 집착은 스트레스의 요인이어서 마음의 건강은 물론 몸의 건강마저 해치는 이유가 된다.

모든 것은 마음의 문제라고 했다. 어쩌면 우리 마음에서 일어나는 욕심의 문제를 제대로 해결하지 못한다면 우리의 몸은 그 건강함을 잃을지도 모른다.

실제로 스트레스를 많이 받게 되어 우리 몸의 면역체계가 약해지면 외부 병원체나 체내에 잔존하던 나쁜 병균들과 암세포들이 활성화된다. 그렇게 되면 우리 몸에 여러 가지 질병이 생기기 마련이다.

아무리 운동을 하여 좋은 몸을 유지하고 있다고 하여도 스트레스 한 방에 10~20년을 다 까먹게 된다. 가정에서나 직장에서 작은 일에 스트레스를 받지 않는 노력도 무엇보다 중요하다. 바로 마음을 다스릴 줄 알아야 한다는 말이기도 하다.

모든 것이 마음에서 온다. 특히 건강은 마음에서 비롯된다. 욕심을 버리면 자연적으로 스트레스도 사라질 것이다. 젊게 사는

제4부 나를 바꾸는 건강관리 기술

방법에는 원칙이 없다 하더라도 한 가지 있다면 바로 그것은 마음의 젊음을 유지하는 데서 비롯된다. 또 자신이 하는 일에 최선을 다하고 긍정적인 사고를 가지는 것 하나도 다른 사람보다 젊게 사는 방법이 될 수 있을 것이다.

적자생존의 기술

제5부

미래를 위한 자기관리 기술

강점지능을 최대한 계발하라

사람마다 얼굴 모양이나 생김새가 다르듯이 지능과 재능도 제각각 다르다. 흔히 공부를 잘 하는 아이에게는 "너, 참 머리가 좋구나."라고 말하기도 하고, 반면 노래를 잘 부르는 아이에게는 "가수의 기질을 타고났구나."라고 말한다.

우리가 가지고 있는 다원적 지능은 각 영역별로 독립적으로 활동하기 때문에 자신이 가지고 있는 재능을 계발하고, 아직까지 발견하지 못한 강점지능을 찾아내는 노력이 무엇보다 필요하다. 이러한 노력이 성공의 지름길이 될 수 있다.

하버드대 교육심리학 박사 가드너의 '다중지능이론'에 의하면 교과 성적이 좋은 아이는 논리·수리지능이 높고, 노래를 잘 부르는 아이는 음악지능, 달리기나 운동을 잘 하는 아이는 신체지

적자생존의 기술

능이 뛰어나다고 한다. 실례로, 공부는 전혀 취미가 없어도 아무 노래를 한 번 들으면 가사까지 완전하게 외우는 사람이라면 다중지능이론 중에서 음악지능이 발달했기 때문이다.

이처럼 누구나 가드너의 8가지 다중지능을 가지고 태어났다. 이 지능 중 어떤 지능이 더 뛰어난가는 사람에 따라 모두 다르다. 사람은 이 여덟 가지 지능이 합쳐져서 독특한 개성과 능력을 지닌 한 사람을 만들어 낸다. 강점지능은 한 사람의 생을 다른 사람과 특별히 구별 짓는 중요한 요소가 된다.

인간의 잠재 능력은 어느 정도나 될까? 뇌를 연구하는 사람들에 따르면 잠재 능력은 무한하나 사용되는 능력은 미미하다고 주장한다. 보통 성공한 사람들이 자신의 능력을 3% 정도밖에 발휘하지 못하고 세상을 떠난다고 한다. 인류 역사상 뇌를 가장 많이 사용한 과학자 중의 한 사람으로 간주되는 아인슈타인도 10%를 넘지 못했다고 한다.

성공과 실패의 차이가 잠재 능력의 계발 여부에 따라 결정된다는 사실을 알 수 있다. 모든 사람은 자신의 능력 중에서 빙산의 일각만을 사용한 채 세상을 떠나가기 때문에 이제까지 자신에게 주어진 잠재 능력의 한계점까지 도달한 사람은 아무도 없는 것이다.

테너 임형주의 예를 들어 보자. 그는 단순히 음악지능 하나만으로 세계 최고가 되었던 것은 아니다. 그 강점지능뿐만 아니라 무대를 휩쓸며 공연하고, 세계를 무대로 활동하기 위해서는 대인관계지능, 언어지능 등이 상호작용하여 좋은 시너지 효과를 주었기 때문이다.

내 아이가 잠재되어 있는 강점지능을 찾아내는 것은 바로 부모의 관심에서 비롯된다. 적성을 제대로 살리고 싶다면 아이가 어떤 분야에 재능이 있고, 소질이 있는지 살펴보는 일이 부모의 몫이다.

아이가 책 읽는 것을 좋아하는지, 악기를 가지고 노는 것을 즐기는지, 뛰어노는 것을 좋아하는지, 관심 있는 부모라면 얼마든지 찾아낼 수 있다. 관심은 부모가 자녀를 성장시키는 필수 요소라는 것을 명심해야 한다.

자녀에게 숨어 있는 강점지능을 찾아주는 것만큼 중요한 일이 없다. 인간은 본능적으로 쾌락을 추구하려는 속성을 가지고 있다. 누구나 잘 하는 일이나 좋아하는 일을 하면 기분이 좋아진다. 그 이유는 쾌감 물질인 도파민이 몸속에서 분비되어 뇌를 흥분시키기 때문이다. 자신의 강점지능이 무엇인지 찾아내는 노력이 필요한 대목이다.

부모가 자녀의 강점지능을 알고 키워나가는 것이 중요한 것처럼, 자녀 역시 자신의 강점지능이 무엇인지 찾아내는 노력이 무엇보다 필요하다. 강점지능을 알고 있다는 것은 진로를 선택하고 인생의 방향을 탐색하는데 이정표가 될 것이다.

적자생존의 기술

열정적인 인생을 살아라

사람은 누구나 성공하기를 바란다. 성공이란 말은 모든 사람들의 희망하는 단어이기도 하다. 그러나 많은 사람들은 실패한 경험을 가지고 있다. 대학입시에서 실패하여 재수를 하거나, 승진에서 탈락하거나, 사업에 실패하는 등 실패의 경험을 한 번쯤 겪게 된다.

마쓰시다 고노스케는 "한 번 넘어졌을 때 그 원인을 깨닫지 못하면 일곱 번 넘어져도 마찬가지다."라는 말을 했다. 가능하면 한 번 만에 원인을 깨달을 수 있는 사람이 되어야 한다는 말이다. 실패를 두려워하기보다는 진지하지 못한 태도를 두려워해야 한다. 실패의 원인을 알아낼 수만 있다면 그것은 결코 실패가 아니기 때문이다.

원스턴 처칠은 "성공이란 연속되는 실패에도 불구하고, 열정을 잃지 않는 능력이다."라고 했다. 성공적인 인생을 살아가려면 무엇보다 자신의 내면에 잠재되어 있는 '열정'을 일깨워야 한다. 열정은 부정적인 모든 것을 무너뜨리고 성공으로 이끄는 또 하나의 강한 에너지를 발생시킨다.

세계 최고의 갑부 빌 게이츠는 13세에 처음 컴퓨터를 알게 되었다. 날마다 새벽 2~3시까지 아버지 몰래 컴퓨터 중독에 빠졌다. 결국엔 대학 2학년 때 학교를 그만두고 마이크로소프트를 차렸다. 그는 좋아하는 일을 직업으로 선택해 열정적으로 일을 한 결과 세계적인 갑부가 되었다.

그는 성공 비결로 "나는 힘이 센 강자도 아니고, 그렇다고 두뇌가 뛰어난 천재도 아닙니다. 날마다 새롭게 변했을 뿐입니다. 그것이 나의 성공 비결입니다."라고 하면서, 'Change(변화)가 바로 Chance(기회)'라는 세계적인 명언을 남겼다.

빌게이츠 재산만큼 다른 사람이 벌려고 한다면 로또 복권을 연속으로 23,300번에 1등으로 당첨되어야 하며, 길에서 500원짜리 동전을 932억 개를 주어야 한다.

또 빌 게이츠의 전 재산을 다 쓰려면 농심 신라면을 우리나라 국민 모두에게 개인당 52만개씩 나누어 주어야 하는 엄청난 물량이다. 재산을 모으는 것도 어렵지만 많은 재산을 쓰는 것도 결코 쉬운 일이 아니다.

적자생존의 기술

백만장자가 되는 것도 쉽게 될 수 있다. 미국의 상징적인 억만장사 록펠러는 결혼하는 날에도 일을 했을 만큼 자기 일을 즐겼다. 그들에게 어떤 특별한 비결이 있었던 것이 아니라 누구나 다 알고 있는 것을 바탕으로 자신이 좋아하는 일에 몰입하여 최선을 다한 것이 큰 재산을 얻는 계기가 되었다.

한마디로 돈이 목표였던 것이 아니라 좋아하는 일 그 자체가 목표이자 수단이었다는 말이다. 목표에만 그치지 않고 열과 성을 다해서 일을 통해서 변화를 이끌었고, 변화에서 기회의 결과물이 큰 재산이었다.

인생에서 아무리 절망적인 상황이 닥치더라도 절대 포기하지 말라. 포기하지 않는 한 결코 실패한 게 아니다. 인고의 과정을 겪어내며 내공을 쌓아간다면 반드시 상황을 반전시킬 수 있는 기회를 얻게 될 것이다.

자신이 하는 일에 최선을 다하라. 자칫 환상으로 빠질 수 있는 길에서 비껴 있으면서, 현재 하고 있는 일에 열정을 다하도록 하자. 혹시나 지금 하고 있는 당신이 진정 좋아하는 일이 있더라도 목표에 이르는 중간 과정이라 여기며 성과 열을 다하도록 하자.

당신의 현재를 부정으로 색칠하는 것은 열정의 모습은 아닐 것이니 무엇보다도 긍정과 낙관으로 의지를 돋우도록 하자. 자신을 다그치면서 검소한 생활을 신조로, 당당하게 자기가 하고 싶은 일을 하도록 하자.

두뇌활동을 증진시켜라

두뇌도 운동을 해야 한다. 우리 몸은 뇌세포가 사람에 따라 다르나 약 140억 개로 이루어졌다. 매일 10만 개씩 파괴된다고 한다. 두뇌의 운동이 줄어들게 된다면 그에 비례하여 두뇌활동이 줄어든다. 두뇌 활성화를 위한 방안이 고려되어야 한다는 말이다.

사람의 뇌는 생후 7개월경부터 활동이 활발하게 진행되다가 20대 이후는 다른 세포와 마찬가지로 뇌세포도 노화되기 시작한다. 육체처럼 활동적이고 건강하게 움직이는 뇌를 유지하기 위해서는 무엇인가 해야 한다.

사람들은 뇌세포가 서서히 노화되기 시작하면 가장 두려운 것이 기억력 감퇴, 학습능력은 물론이고 집중력이 저하된다. 기억이란 인간이 삶을 살아가는 데 매우 중요한 요소가 된다. 이러한 현상은 50대에 들어오면서 현저하게 나타나기 시작하는 것이 일반적인 현상이다.

두뇌활동의 저하는 기억력의 한계를 말한다. 에빙하우스의 연구에 의하면 학습 후 10분 후부터 망각이 시작되며, 1시간 뒤에는 50%가, 하루 뒤에는 70%가, 한 달 뒤에는 80%를 망각하게 된다. 이러한 기억력의 한계는 기억을 증진시키는 활동의 계속성을 암시하는 말이다.

에빙하우스는 어떻게 하면 기억이 더 오래 가는지에 대해서도 실험을 했다. 일반적으로 한 번 공부한 것을 10분 뒤에 다시 익히면 하루 동안 지속되고, 하루가 지난 뒤 다시 복습하면 하루 동안 지속된다.

하루가 지난 뒤 그 내용을 다시 복습하면 1주일간 잊어버리지 않았다. 다시 1주일 뒤 복습하면 한 달을 기억하고, 또 한 달 뒤에 반복하여 복습하면 6개월간 학습된 내용이 기억된다고 한다. 복습의 중요성을 강조한 이론이다.

그렇다면 뇌의 노화를 막고 활동을 증진시키는 방법은 없을까? 충분한 수면을 취해야 한다. 새벽 1시에서 6시 사이는 수면의 영양가치가 가장 높은 시간이다. 이때 뇌세포가 가장 활성화되는 시간이다. 특히 공부하는 수험생은 뇌가 적절한 활동의 균형을 유지하기 위해서는 충분한 수면을 취해야 한다.

시험을 앞둔 수험생들은 충분히 쉴 수 있는 시간이 없다. 기억

제5부 미래를 위한 자기관리 기술

력을 증진시키기 위해서는 짧은 시간을 이용하여 유산소운동을 하면 도움이 된다. 유산소운동은 혈액순환을 원활하게 하여 뇌로 가는 산소와 영양공급을 증진시킨다. 또 뇌세포 보호 효과가 있고 스트레스를 줄여주는 일석이조의 효과가 있다.

피로는 집중력을 유지하는 데 큰 장애물이다. 장시간 앉아 있거나 스트레스가 많은 학생들에게 찾아오는 친구다. 피로를 회복하는 방법에는 여러 가지가 있겠지만 식습관만 바꾸어도 상당한 효과를 볼 수 있다.

검은 참깨나 검은 콩, 연뿌리 등은 단백질과 광물성 물질이 많이 들어 있다. 이것을 죽이나 반찬으로 만들어 먹으면 피로를 푸는 데 효과적이다. 음식에는 두뇌를 자극시켜 머리 회전을 원활하게 하고 기억력을 강화시키는 영양소가 들어 있기 때문이다.

수험생들은 아침을 거르는 경우가 종종 있다. 아침을 거르면 뇌세포의 활동이 위축돼 학습능력이나 사고력, 집중력이 크게 떨어지기 때문에 소화가 잘 되는 음식을 챙겨 먹이는 것이 좋다.

뇌는 외부로부터 오는 감각자극을 받아들여 반응하는 과정에서 발달하기 때문에 오감을 자주 사용하면 뇌가 활발해진다. 아름다운 음악을 듣고, 좋은 그림이나 경치를 감상하고, 부드럽게 맛있는 음식을 먹고, 좋은 냄새나 향기를 맡고, 사랑하는 사람의 손을 만지는 것만으로도 뇌는 활성화되고 노화가 방지된다.

일반적으로 오른손잡이는 좌뇌가 발달해 있고, 왼손잡이는 우

적자생존의 기술

뇌가 발달해 있다. 평소 잘 쓰지 않는 쪽의 몸을 움직이면 발달이 덜 된 뇌에 자극이 가게 되어 뇌기능이 향상될 수 있다. 뒤로 걷기나 옆으로 걷기 등 평소 하지 않던 운동을 하는 것도 사용하지 않던 뇌의 영역을 활성화시키는 좋은 방법이 될 수 있다.

인생의 성공은 습관에 달려 있다. 인지능력은 사람에 따라 얼마든지 계발이 가능하다. 무엇보다 규칙적인 생활을 해야 두뇌활동을 증진시킬 수 있다. 유산소운동으로, 식생활 개선으로, 오감을 자극으로, 이런 지속적인 생활을 통하여 두뇌활동을 증진시키는 것이 첫 번째 원칙임을 명심하자.

제5부 미래를 위한 자기관리 기술

감성지수를 높여야 승자가 된다

지식보다 감성이 중시되는 사회가 되었다. 예전의 IQ(지능지수)보다 EQ(감성지수)나 NQ(공존지수)의 중요성이 대두되는 것을 보아도 그렇다. 오늘날의 사회는 성격도, 취미도, 추구하는 이상도 서로 달라 다양한 새로운 무엇인가를 추구한다.

그래서 앞으로 다가오는 미래는 다양한 가치를 보다 폭넓게 추구하고 인간 상호 간의 감성적 교감을 중시하는 방향으로 발 빠르게 변모하고 있다. 즉, 이전의 지식 추구형 인간에서 교감하고 공존하는 인간으로의 변모가 현대의 대세라고 해도 그르지 않다.

많은 사람들은 한국에서 성공하려면 'ㄲ' 자로 시작하는 여섯 가지가 있어야 한다고 한다. 바로 '꿈, 꾀, 꼴, 끈, 끼, 깡' 이라고 한다. 꿈은 이상이고, 꾀는 지혜고, 꼴은 외모이고, 끈은 연고이

적자생존의 기술

고, 끼는 소질이고, 깡은 끈기를 의미한다. 이 단어들 속에는 자신이 가지고 있는 감성을 내포하고 있다.

하버드대 다니엘 골맨 교수는 성공하는 사람들을 사회학적으로 분석하여 두 가지로 요약했는데 IQ가 20%, EQ가 80%라고 한다. IQ가 높은 것이 그 사람의 성공과 행복한 삶에 기여하는 것은 불과 20%에 그치고 나머지 80%는 EQ의 높고 낮음에 따른다는 평가까지 나오고 있어 현대사회에서 감성지수의 중요도를 단적으로 보여주고 있다.

오늘날의 사회는 하루하루가 다르게 변화하고 있다. 과거에는 신입 사원을 채용할 때 일류대학 출신을 몇 명 채용했느냐에 따라 그 회사가 좋고 나쁘다는 평가를 받았지만, 지금은 단지 머리가 우수한 사람보다는 실용적인 지능이나 정서지능이 높은 사람을 선발하는 추세이다.

사회적으로 성공 가능성이 높은 사람은 어떤 사람일까? 결론적으로 말하면 지능지수가 높은 사람보다는 감성지수가 높은 사람이다. 사회적으로 성공한 사람들을 살펴보면 지능이 뛰어난 사람보다는 인관관계를 잘 하는 사람이 더 많다. 즉, 감성지수와 공존지수가 중요하다는 말이다.

감성이 풍부한 사람들은 사회생활을 하면서 보다 친밀한 관계를 유지하고, 모든 일을 책임감을 가지고 처리하며, 동정심과 포용력이 뛰어나 성공할 확률이 높다.

제5부 미래를 위한 자기관리 기술

직원채용에서도 감성지능을 중요하게 여긴다. 사우스 웨스트 항공사가 인재선발 시 '유머감각' 과 같은 태도 요인을 집요하게 심사해 채용하는 것도 감성지수에 대한 중요성을 나타내 주는 예이다. 또한 시스코사는 혁신문화에 적합한 인재 유치를 위해 전문적인 지식이나 직무능력보다는 대인관계, 팀웍이나 개인의 행동과 관련된 소프트한 스킬을 80%나 반영하고 있다.

감성지수가 높은 사람은 남의 입장이 되어줄 수 있는 사람이다. 공감은 타인의 생각이나 느낌을 대리적으로 느끼는 능력이다. 자신의 정서 체험에 의한 의식에서 출발한다.

자신이 몹시 배가 고파서 고통스러웠던 체험을 통해 다른 사람의 입장에 감정이입하여 남의 배고픔도 느낄 수 있다. 또한 자신의 먹을 것을 나누어 주는 배려된 행동으로 나아가게 된다. 이러한 측면에서 공감은 사회생활에 필수적인 능력이라고 할 수 있다.

조직이나 직장생활에서 가장 인기 있는 사람은 다른 사람을 배려해 주는 사람이다. 그런 사람들의 감성은 따뜻하고 감싸주는 위로형이다. 그와는 반대인 이기주의자나 개인주의자, 이성주의자는 어느 곳에서도 제대로 정착하지 못한다. 집안 식구들조차도 싫어할 만한 사람들이다. 그들의 감정은 삭막하게 말라 있는 사막의 막대기처럼 되어 있기 때문이다. 차갑고 싸늘한 사람 곁에는 사람이 붙지 않는다.

적자생존의 기술

이성적으로만 판단하는 사람들 곁에는 이성적인 사람들만 있기에 감정이 없다. 감정이 없으면 동물이나 다름없다. 동물은 생존만이 전부이다. 그런 부류의 사람들은 죽고 사는 것에만 관심이 있을 뿐, 다른 사람을 배려하고 상대방을 존경하며 높여주고 인정하는 모습은 찾아볼 수 없다.

성공하려면 머리를 잘 쓰는 것보다 마음을 잘 쓰는 것이 중요하다. 머리 좋은 사람보다 마음 좋은 사람이 훨씬 빠르게 성공한다. 성공하기 위해 끊임없이 감성지수를 높이는 훈련을 하여야 한다. 이성은 감정과 함께 균형을 이룰 때 최고의 가치를 창출시킬 수 있을 것이다.

제5부 미래를 위한 자기관리 기술

스트레스는 한 방에 날려라

　현대인들은 매일같이 스트레스에 시달리며 살아가고 있다. 현대인은 스트레스의 직접적인 원인이 되는 '스트레서'에 노출되어 있는 만큼 스트레스는 필요불가결하고 삶의 질을 높이는데 필요악이라고 한다. 어쨌든 많은 사람들은 스트레스를 받으면서 하루하루 살아가는 것이 현실이다.

　사람은 구조적으로 하루에 이런저런 수만 가지 잡생각을 한다고 한다. 그중의 96%가 실생활에 불필요한 생각을 하고, 그중에서 75%가 공상이라든지 생활에 전혀 도움이 되지 않는 쓸데없는 생각이라고 한다.

　인간의 생각이란 어떤 한 지점으로 집중되지 않는 분산된 모습을 보인다. 그런 만큼 내재적으로 분열된 생각을 하는 사람에게 스트레스는 인간을 무기력하게도 하고 주의를 산만하게 하거나 집중력을 떨어지게 하는 요인이 된다.

스트레스는 단순히 외적인 자극에서만 받는 것이 아니라 자신과 주변 환경의 상호작용으로 일어난다. 학교나 직장생활을 하다 보면 좋은 일보다는 나쁜 일이 훨씬 더 많이 발생하기 때문에 사람들은 크고 작은 스트레스에 시달린다.

"오늘 이 일을 꼭 마쳐야지.", "올해는 꼭 승진해야지.", "내신 점수 1등급을 받아야 해!", "내년에는 꼭 집을 마련할거야." 등의 계획이나 목표를 두고서 결심하다 보면 스트레스가 자연히 생기기 마련이다.

목표에 이르는 과정이란 당장의 성취보다는 어느 정도의 시간이 지나야만 이루어지는 것이 많기 때문에 마음은 조바심과 상실의 감정에 휩싸일 수가 있다.

오늘날 같이 치열한 경쟁 속에서 살다 보면 긍정적으로 살아가던 사람이라도 스트레스는 친한 친구처럼 우리 주변을 떠날 줄 모르는 것이 현실이다. 이런 현실 속에서 스트레스를 최소한으로 줄이기 위해서는 본인의 노력이 필요하다.

스트레스를 덜 받기 위해서는 자신이 하는 일에 만족하고 즐겁게 해야 한다. 금세기 최고의 경영자라고 칭송받고 있는 잭 웰치는 재임기간 동안 회사 브랜드 가치를 60배나 올리고 난 후 성공 비결을 묻는 질문에 "즐겁게 일하고 즐겁게 놀았다."고 답했다.

제5부 미래를 위한 자기관리 기술

고정관념을 깨면 스트레스를 덜 받는다. 다르게 생각하고 하는 일에 몰입하여야 한다. 남과 다르게 창조적인 사고를 하는 것, 즉 고정관념을 깼다는 사실에 주목해야 한다. 대부분 스트레스는 자신의 고정관념에서 온다. 창조적인 사고를 하기 위해서는 기존의 틀과 사고를 깰 수 있는 용기와 자신감이 필요하다.

자기가 하는 일에 즐겁게 몰입하는 것도 스트레스를 줄이는 방법이 될 수 있다. 고정관념에서 탈피하여 자기 일에 철저히 미친 사람들은 스트레스에 빠질 시간이 없다. 설령 스트레스가 온다 해도 잘 극복하고 말 것이다.

대부분 스트레스는 마음에서 찾아온다. 인간은 자기의 능력과 환경에 비하여 많은 욕심을 가지고 살고 있다. 욕심을 버려야 한다. 남보다 좋은 대학에 합격하고, 남보다 일찍 승진하고, 남보다 앞서야 성공한다는 강박관념은 스트레스의 주범이 된다.

과욕보다는 현실을 직시하고 하는 일에 최선을 다하는 자세는 바로 스트레스를 줄이는 최선의 방법이다. 스트레스의 요인이 되는 스트레스를 줄이는 유일한 방법이 바로 마음에 있다는 것을 알아야 한다.

비근하게 회자되는 말을 생각해 보자. 과연 스트레스는 암을 유발시키나? 담배를 전혀 피우지 않았는데 폐암에 걸린 경우를 두고 서로의 주장이 엇갈릴 수 있다. 또 어떤 사람은 중국인처럼 모택동의 예를 들 수가 있다.

적자생존의 기술

　모택동은 골초에다가 주당이면서 83세까지 살았으니 흡연이나 음주가 스트레스 주범이라고 말하는 것은 지나친 표현이 될 수 있다. 그러나 스트레스를 많이 받는 집단일수록 지나친 흡연과 음주 등으로 암 유발인자에 노출될 위험이 높다는 것은 틀림이 없다.

　스트레스가 암을 일으키는 것이 아니라 음주나 흡연으로 인한 지나친 행동이 암을 유발한다는 것은 과학적으로 입증된 명백한 사실이다. 다시 한 번 반복하여 말하지만 스트레스는 마음의 문제이다. 스트레스의 문을 닫은 사람에게 이것이 절대로 찾아오지 않는다.

　즐겁게 일에 몰입하는 사람에게 스트레스가 절대 찾아오지 않는다는 사실을 명심하자. 일상적인 사고를 탈피하고, 취미생활을 하며 항상 웃음과 유머로 하루하루 시동을 걸어 보자.

제5부 미래를 위한 자기관리 기술

가끔 휴대폰에서 해방되어라

이제 휴대폰은 우리 생활에서 빼놓을 수 없는 필수품이 되었다. 특히 청소년에게 있어 휴대폰은 단순한 통화기능을 넘어 자신을 표현하는 중요한 요소로 자리 잡아 가고 있다. 그러나 고교생 30%는 휴대폰이 없으면 불안을 느끼는 '휴대폰 중독' 을 보이는 학생이 늘고 있어 사회문제가 되고 있는 현실이다.

사무실이나 버스 안에서 휴대폰 벨소리는 많은 사람들을 불안하게도 하고 스트레스를 받게 한다. 때와 장소를 가리지 않고 학생들에게 울리는 문자나 벨소리는 두말할 나위 없고 심지어 교실에서 휴대폰으로 자장면을 시키는 학생이 있는가 하면, 버스에서 "너무 시끄럽게 전화한다." 며 시비가 붙어 대학생과 교수가 주먹다짐까지 벌인 사건도 있었다.

적자생존의 기술

휴대폰 기능이 너무나 다양해진 것도 문제다. 단순히 전화를 걸고 받는 통화기능을 넘어 문자 보내기는 기본이요, 카메라, 게임, 인터넷과 동영상 등 다양한 기능이 있어 어린 청소년들 사이에는 어떤 휴대폰을 가지고 있느냐에 따라 부의 상징이 되기도 한다.

서울의 한 병원에서는 고등학교 재학생 340명 가운데 휴대폰을 갖고 있는 276명을 대상으로 휴대폰 사용실태를 조사한 결과 휴대폰이 없을 때 8.3%는 매우 불안하고 20.6%는 불안하다고 응답해 28.9%가 심각한 휴대폰 중독 증세를 보이고 있는 것으로 나타났다고 밝혔다.

휴대폰의 다량 보급으로 가장 문제가 되고 있는 것은 역시 '휴대폰 중독'과 '전자파 논란'을 들 수 있다. 이런 현상은 대표적인 예로 휴대폰이 없으면 마음이 불안해지기 시작하고, 초조해지면서 휴대폰을 만지작거리거나 누군가와 통화를 해야 마음이 편해지는 심리적인 현상 역시 그렇다.

학업에 열중해야 할 청소년의 피해는 너무나 심각하다. 휴대폰을 집에 두고 왔을 때 불안하고 초조해 수업에 집중할 수 없는 증상이 1.8%, 휴대폰 벨이 올린 것으로 착각하는 환청현상이 12.3%, 무작정 휴대폰 벨소리를 기다리는 동안 가슴이 두근거리고 머리가 아픈 경험이 3.6%라고 한다.

휴대폰의 전자파 논란 또한 심각하다. 전자파는 휴대폰뿐만 아니라 텔레비전이나 컴퓨터 등 일상생활에 사용하는 모든 전자제

제5부 미래를 위한 자기관리 기술

품에서 다 나온다. 왜, 유독 휴대폰 전자파에 대한 문제를 제기하는 것은 무엇일까?

다른 제품에서도 전자파가 다 나오지만, 휴대폰의 경우에는 우리 몸의 뇌와 가장 가까운 곳에서 사용을 하기 때문에 뇌에 손상이 올 확률이 높아지기 때문이다. 이 전자파는 두통이나 어지럼증, 뇌종양이나 치매증에도 많은 영향을 미친다고 한다. 가장 큰 문제는 전자파는 성인보다는 성장기에 있는 청소년들에게 더욱 치명적이라는 사실이다.

휴대폰이라는 제품은 많은 돈과 시간을 투자하여 만든 상품이다. 당신을 위하여 만든 상품이 당신들의 성공이나 재산을 축적하는데 도움이 되어야지 당신을 정신적으로 불안하게 하거나 건강을 위협하는 도구가 되어서는 안 된다.

수업시간이나 일을 할 때 휴대폰이 울리면 몰입이나 집중력이 떨어진다. 몰입이 필요로 하는 일을 할 때에는 잠시 휴대폰을 끄는 것도 좋다. 휴대폰을 끄면 하는 일에 몰입을 할 수도 있고 집중력도 한층 높아진다. 또한 휴대폰으로 인한 스트레스도 점점 사라질 것이다.

적자생존의 기술

칭찬은 많게 꾸중은 적게 하라

누구든지 칭찬을 받으면 기분이 좋아진다. 그러면서 남을 칭찬하는 데는 인색하다. 현대인들은 너 나 할 것 없이 칭찬에 목마름을 느끼며 살아가고 있다.

칭찬은 우리들에게 많은 용기를 주기도 하고 생활에 많은 활력소가 되며 자신감을 갖게 해 준다. '칭찬은 바보를 천재로 만든다'라고 할 정도로 칭찬이 주는 효과는 크다.

칭찬은 불가능도 가능하게 하고 웃음꽃을 피우는 마술사 역할도 한다. 칭찬의 효과는 어른보다도 어린아이일수록 크다. 아이에게 칭찬은 학습에 있어서도 더욱 효과가 두드러지게 나타난다.

칭찬을 할 때에는 몇 가지 원칙이 있다. 능력 중심보다는 노력 중심의 칭찬을 하는 것이 효과적이다. "이렇게 어려운 문제를 혼

제5부 미래를 위한 자기관리 기술

자 풀었어.”, “아주 잘 했구나, 정말 노력한 덕분이다.”, “혼자 하기 힘든 건데, 어떻게 했어?” 등으로 아이의 노력에 초점을 두어 칭찬을 하여야 한다.

또 칭찬을 할 때에는 결과뿐 아니라 과정을 칭찬하여야 한다. 성과에만 초점을 맞추지 말고 노력하는 전 과정에 초점을 맞춰 칭찬하게 되면 상대방은 하는 일에 더 분발하게 될 것이고 자신이 하고 있는 일에 대하여 성취감을 가질 것이다.

돈이나 물질과 관련하여 보상하는 것은 바람직한 방법이 아니다. 칭찬은 보상이라는 경제적 개념보다는 정서적인 충족과 관련이 더 깊기 때문이다. 지나친 우월감이나 열등감 같은 어느 양극적인 정서를 갖지 않도록 해야 한다.

칭찬의 시기도 무엇보다 중요하다. 칭찬은 노력하는 행위 직후에 하는 것이 좋다. 칭찬할 때에는 그 과정과 변화의 정도를 포함시키면 더욱 좋다.

칭찬은 자신의 능력을 외부로부터 인정받는 하나의 수단이 되기 때문에 자의식 형성에 효과적이다. 칭찬은 아이의 능력 이상으로 내부 에너지를 발현될 수 있도록 돕기 때문에 지식과 정서, 그리고 올바른 정의 형성에 기반이 될 수 있다.

실험 결과에서도 입증되었다. 미국 뉴욕 포르담 박사팀은 주당 1회 이상 심한 체벌을 받고 자란 아이는 그렇지 않은 아이보다 IQ 측정에서 10 정도가 낮게 나타났다. 특히 심리적 충격의 정도가

적자생존의 기술

큰 아이의 경우에는 남자 아이보다 그 차이가 더 큰 것으로 알려
졌다.

칭찬은 바람직한 행위이지만 그렇다고 모든 상황에서 적용되는
것은 아니다. 때로는 엄격한 벌이나 꾸중도 사람이 지혜롭게 살
아가는 데 한 수단이 됨을 명심하여야 한다.

꾸중할 때에는 칭찬과 달리 그 아이가 무엇을 잘못했는지 구체
적으로 지적하여 바람직한 방향으로 행동을 변화시켜주는 것이
좋다. 잘못된 원인이나 결과만 보고 큰 소리를 지른다든지 무조
건 나무라는 것은 아이에게 큰 상처를 줄 수 있다.

우리 뇌 속에는 '도파민' 이라는 신경전달물질이 있다. 칭찬이
나 감동을 받으면 이 물질이 분비되어 쾌감을 느끼게 된다. 도파
민이 분비되면 자신도 모르게 기분이 좋아지고 적극적인 마음을
갖게 되고 예술적인 영감이 떠오르고 뇌가 활발하게 활동한다.

그래서 어떤 의학전문가는 도파민을 신이 인간에게 선사한 선
물이라고도 말한다. 그러나 반대로 심한 꾸중이나 처벌을 받은
사람은 도파민 분비가 억제되어 정서적으로 위축되어 심리적으
로 불안한 상태를 유지하게 되어 하는 일에 흥미를 잃게 되고 쉽
게 지치게 된다.

누구나 사람은 칭찬을 먹고 산다. 칭찬을 많이 먹고 자란 사람
은 긍정적인 사고를 많이 하고, 꾸중을 많이 들은 사람은 모든 세
상을 부정적인 시각으로 바라본다. 칭찬과 꾸중 중 어느 하나를

선택하느냐에 따라 인생이 달라진다는 사실을 명심하여야 한다.

칭찬은 많게 꾸중은 적게 하라. 내가 칭찬을 하면 받은 만큼 상대방도 칭찬을 되돌려 줄 것이다. 자신에게 관대한 것처럼 타인에게도 관대하라. 그리고 칭찬을 아끼지 마라.

부모의 칭찬을 많이 받고 자란 아이는 성인이 되어 주변 동료를 칭찬하고, 이웃을 칭찬하고 나아가 모든 사람에게 칭찬의 씨앗을 뿌릴 것이다. 칭찬을 주고받는 세상은 어느 세상보다도 행복한 세상이 될 것이다.

적자생존의 기술

행운은 준비한 사람에게 찾아간다

불행은 성큼 찾아온다. 하지만 행운은 반드시 준비한 사람에게만 찾아온다. 불행은 소설에서 말하는 복선이 없으나 행운에는 복선이 있다. 이 말은 행운에는 계기가 있다는 말로 바꿀 수가 있다.

언뜻 평범한 말 같지만 이 말을 음미해 보면 상당한 의미를 내포하고 있다. 커피 한 잔으로 성공신화를 낳은 스타벅스의 예를 들어 보자. '스타벅스의 비밀'은 어디에 숨어 있을까? 한마디로 타의 추종을 불허할 정도로 작은 곳에 숨어 있었다. 커피 전문점을 적어도 한 번쯤 다닌 사람이라면 금방 그 해답을 찾을 수 있을 것이다.

이곳을 찾은 사람들은 커피 한 잔을 사먹는 일이 마치 고급문화

제5부 미래를 위한 자기관리 기술

의 일부로 편입된 듯한 착각을 일으킬 정도로 인간의 심리를 극도로 자극하여 고객을 끌어 모았던 것이다.

매장에 들어서면 정성스레 거품을 담아주는 점원들의 모습, 가지런히 진열된 원두커피, 그리고 실내에 흐르는 잔잔한 재즈음악 등으로 젊은이들 마음을 유혹시켰다. 바로 여기에 회사의 비밀이 숨겨져 있었던 것이다.

스타벅스란 이름 자체는 고급스런 커피를 즐기는 신세대들의 코드가 되었고, 사람들은 이런 코드를 공유하고 싶어하는 열풍이 이곳저곳에서 일기 시작했다.

비슷한 예로 무등산 수박의 경우를 살펴보자. 무등산 수박이 특별히 당도가 높다거나 현저하게 타 지역의 수박과 차별되는 고유의 특성이나 특질이 있는 것이 아니다. 다만 가격 차별화 전략을 도입하였다.

가격을 높게 설정해 둠으로써 고급스러운 성격을 부여하여 소비자의 심리를 자극하여 구매욕을 높게 한 것이 타 수박과 차별화되는 브랜드로 남은 이유 중의 하나일 것이다.

스타벅스와 무등산 수박은 유사한 교훈을 주고 있다. 전략 없이 그저 뛰어드는 것이 아니라 준비하고 차별화함으로써 뛰어들라는 것이다. 그렇다. 이처럼 행운이란 그저 뛰어드는 사람에게 찾아오는 것이 아니라, 준비하는 사람에게 찾아오는 것이다.

생각해 보면 세상은 모든 사람에게 공평하지 않다고 더러 불평

적자생존의 기술

하는 사람도 있다. 노력한 것만큼 결과가 따르지 않는다는 이야기가 될 수 있다.

하지만 결코 그렇지 않다. 행운은 준비한 사람에게 찾아온다. 전혀 피아노를 치지 못하는 어느 소녀가 친구의 능숙한 피아노 연주를 보고 질투에 사로잡힌 나머지 피아노 연주를 하는 꿈을 꾸었다고 하자. 꿈에서 깨어나 피아노를 쳐 보니 정말 놀랄 만한 피아노 연주였다.

과연 그럴 수가 있을까? 이성적으로 있을 수가 없는 일이다. 행운이란 어느 한순간에 갑작스럽게 오지 않는다. 다만 준비한 사람에게 찾아오기 때문이다.

행운은 영어로 'Happiness' 라고 한다. 이 어원은 Happening로 '우발적인 사건' 이란 의미로 운수 좋은 날 어떤 사람에게 다가온 유쾌하게 하고 즐거운 사건이라는 뜻이다. 행운이 준비되어 있는 자에게 선사될 때 그것의 행복은 진정한 것이다. 당신이 감당할 수 있게 다가온 행운이라면 당신은 이미 준비되어 있어야 하고 행복하다고 말할 수 있다.

그렇다고 당신의 행운이 기성복처럼 이미 있는 것 또는 누군가에게 빌려온 것이 되어서는 안 된다. 필요할 때 언제나 입을 수 있는 기성복처럼 누군가의 행복을 빌려온 행운이라면 그것은 진정한 행운이라고 말할 수 없다. 그대의 노력으로 이룩해 낸 행운이어야만 행복하다.

당신이 행운아가 되려면 성실해야 한다. 성실함이란 준비되어 있는 자의 특질이라고 하겠다. 행운이란 결국 준비된 자의 성과, 그의 성실함과 그의 인간적인 마케팅에 의한 결과물이다.

앞서 얘기했던 스타벅스가 몇 십 년 만에 세계적인 커피왕국을 이룬 것은 결코 행운이 아니라 인간의 오감을 자극하는 빛나는 보석과 그 보석을 녹슬지 않게 갈고 닦는 열정, 그리고 어떤 일에 끊임없이 노력한 필연적인 결과라고 하겠다. 다시 말하면 성과를 이루기까지 준비한 노고와 고객의 마음을 잡은 성실함에 기인한 것이라고 하겠다.

불행은 예고없이 찾아간다. 그러나 행운은 스타벅스의 신화처럼 준비하고 기다리는 사람에게 찾아온다는 진리를 발견할 수 있다. 자신이 하고 있는 일에 끊임없이 몰입하고 노력하라. 칼라일이 말했던 것처럼 영웅의 조건이 성실함으로 그대의 일에 임하라. 그러면 행운은 당신에게 성큼 다가갈 것이다.

적자생존의 기술

자신감을 갖고 행동하라

억지로라도 웃으면 한결 마음이 밝아진다. 마음의 밝음은 자신이든 다른 사람이든 봄바람과 같다. 언제 어떠한 경우든 웃는 얼굴로 상대방을 대한다면 미래는 밝아질 것이다. 웃는 자는 현실이 패배자의 상황일지언정 왠지 모를 승리자의 자신감으로 충만하다.

웃으면 행동이 변하는 것일까? 아니면 웃으면 행복해지는 걸까? 근육을 움직이는 미세한 동작이 우리의 마음을 동요시키는 것은 약간의 경험을 상기하더라도 맞는 말에 틀림이 없다.

많은 심리학자들은 육체적인 행동 변화가 마음 자세까지 바꿀 수 있다고 한다. 허리를 구부정한 모습을 하고 있는 본인 스스로나 보는 이의 마음 자세마저 다르게 보이는 것은 아마 이런 이유

제5부 미래를 위한 자기관리 기술

때문일 것이다.

자신감이 있느냐, 없느냐는 행동에 앞서 말만 들어 봐도 당장 알 수 있다. 자신감이 있는 사람은 말소리나 표정부터 다르다. 자신감 있는 얼굴은 윤기가 흐르고 패기가 넘친다. 왜냐하면 자신감은 얼굴을 통하여 행동으로 표출되기 때문이다.

'기백' 이란 단어 속에는 자신감이 들어 있다. 씩씩하고 굳센 기상과 진취적인 정신은 그의 말씨나 행동거지에서 느낄 수 있다. 기백 있는 사람은 분명 자신감으로 가득한 사람이다.

자신감은 항상 새로 시작하는 마음을 가지고 있을 때 찾아온다. 도전하지 않는 자에게는 진정한 자신감이 있을 수가 없다. 생각해 보면 오뚝이는 자신감 자체의 모습을 가지고 있다. 현재 쓰러져 있는 자신을 일으킬 수 있는 힘은 자신감의 충만을 보여주는 말이 아니겠는가.

지금까지의 성공과 실패, 업적과 실수는 영광스런 미래를 세우는 초석이 될 수 있다. 과거에 실패한 원인을 분석하여 무엇이 문제인가, 보완책은 무엇인가, 해결책을 찾아 다시 시작하는 노력을 기울인다면 당신은 자신감이 충만한 모델이 될 수 있을 것이다.

두려움은 자신감의 가장 큰 적이다. 변화를 두려워하고 두려움을 극복하지 않는다면 절대 자신감은 당신의 발 앞에 무릎을 꿇지 않을 것이다. 변화를 기회로 삼아야 한다.

적자생존의 기술

사실 현실에 나타나는 거친 파도라는 두려움은 자신감의 적이 되지 않는다. 당장 힘이 들게 하는 자신감의 지연제가 될 수 있더라도 결과적으로는 자신감을 위한 강장제가 될 것이다.

파도의 상승작용으로 높은 곳에서 떨어졌다면 머지않아 심리적으로 육체적으로 상승기류에 들어간 당신을 발견할 수 있을 것이다. 항상 생각하면서 행동하고, 행동하면서 생각해야 한다.

열정과 자신감은 서로 밀접한 상관관계에 있다. 당신이 자신감이 있는 사람이라면 당신에게는 엔진과도 같은 힘과 열정이 있다고 믿으면 된다. 이러한 힘과 열정은 삶을 살아가는 데 에너지원이 되기 때문이다.

위대한 심리학자 크레인 박사는 "자신감 있는 행동은 자신감 있는 생각을 낳는다."는 명언을 남겼다. 무엇보다도 자신감이 중요하다는 말로 풀이된다.

진정한 자신감은 언제나 자신의 마음속에 들어 있다. 결코 타인으로부터 들어오지 않는다. 그래서 자신감은 나 자신에 대한 믿음이요, 약속이다. 두려움보다 무서운 적이다. 두려움이 많은 사람은 승자로 살아갈 수 없다. 지금부터 긍정적인 사고로 자신감을 키워 보자.

제5부 미래를 위한 자기관리 기술

잠재력을 최대한 발휘하라

누구나 승자가 되기 위한 무한한 잠재력을 가지고 태어난다. 모든 일의 성패는 그 사람의 사고와 자세에 달려 있다. 인간의 잠재력은 끝이 없다. 무한한 잠재력은 어느 누구에게도 무한한 가능성을 약속한다. 그러나 많은 사람들은 안타깝게도 평생 동안 자기가 가진 잠재력을 모두 사용하지 못하고 1% 내지 2%만 사용한다고 한다. 사람들은 태어날 때 받은 잠재력 중 10%만 사용해도 엄청난 꿈과 희망을 키울 수 있다.

인간이라면 누구든지 많은 잠재력을 가지고 있다. 문제는 그 잠재력을 깨워 잘 활용하여야 한다. 구 소련의 석학인 이반 예브리모브는 이렇게 말했다.

"만일 우리가 인간의 마음에 내재된 가능성을 50%만 계발해도

적자생존의 기술

40개의 외국어를 배울 수 있고, 백과사전을 첫 페이지부터 마지막 페이지까지 다 외울 수 있을 뿐만 아니라 수십 개 대학의 학과과정을 마칠 수 있다."

성공하는 사람은 이러한 인간의 잠재력을 끊임없이 계발한 사람들이라는 사실을 명심하라.

천재는 단순히 IQ가 높고 낮음에 따라 단순히 판단할 수 있는 것이지 종합적인 자질을 판단하는 것은 아니다. 지능이 뛰어난 사람이 다른 사람보다 IQ가 높을 뿐 자신의 지혜를 종합적으로 응용할 수 있는 능력을 갖추고 있는 것은 아니다. 이러한 사람들로 아인슈타인뿐만 아니라 발명왕인 에디슨도 있다. 이는 어렸을 때는 물리학 성적이 나빠 겨우 낙제를 면할 정도였다.

청력을 상실한 베토벤, 시력을 잃은 헬렌 켈러 등은 오히려 일반인보다도 못한 악조건 속에서 끊임없는 노력을 통해 세계적인 위인이 되었다. 바로 숨은 잠재력을 발굴한 인물들이다.

결국에 지능과 잠재력은 항상 일치한다거나 비례하는 것은 아님을 기억해야 한다. 따라서 잠재력 계발을 통해서 승자가 될 수 있고, 지능이 뛰어난 사람이 될 수 있다. 지능이 뛰어난 사람이라고 하더라도 잠재력을 계발하지 않는다면 승자의 모습으로 볼 사람은 아무도 없을 것이다.

최대한 잠재력을 발휘할 수 있는 방법은 없을까?

잠자고 있는 잠재력을 깨우기 위해서는 매사에 긍정적인 생각

제5부 미래를 위한 자기관리 기술

을 가지고 행동을 하고, 책을 꾸준히 오래 읽어야 한다. 책을 가까이 하면 생각하는 사고 능력을 길러주고 자기 계발을 향한 동기부여를 해 주기 때문이다. 자기가 좋아하는 일을 스스로 찾아 열정을 가지고 활동을 하여야 하며 자기 주도적인 삶을 살아야 한다. 자신에게 흥미 있는 일들을 끊임없이 찾아서 하고 지난날 자신을 되돌아보는 피드백 과정을 통하여 잠재 능력을 깨워야 한다.

자신감은 행동을 수반한다. 무엇보다도 중요한 것은 자신의 잠재 능력이 충분히 있음을 믿고 자신감을 가지고 잠재 능력을 깨우는 노력이 필요하다. 내가 멈춰 있으면 자신감도 멈추지만, 내가 행동하면 자신감도 행동을 한다.

불과 수백 달러의 적은 돈으로 보험업을 시작하여 10억 달러 규모의 큰 보험회사로 발전시킨 기업가이며 성공학의 대가인 W.클레멘트 스톤은 아침에 잠이 깨자마자 이렇게 외쳤다고 한다.

"I am happy! I am healthy! I feel terrific!" 이 말은 "나는 행복하고, 건강하고, 신난다."는 의미다. 이처럼 자기의 생각과 의지가 담긴 잠재의식 프로그래밍이 자기의 인생의 질과 내용을 결정하는 데 중요한 것이 된다.

당신의 몸 안에는 훌륭한 잠재력이 잠자고 있다. 당신이 진정한 승자가 되기를 원한다면 숨어 있는 잠재력을 최대한 계발해라, 그리고 발휘하라. 당신과 당신이 머무르고 있는 조직의 숨은 잠재력을 발휘한다면 당신은 영원히 승자로 남아 있을 것이다.

적자생존의 기술

자신이 좋아하는 직업을 가져라

인간은 태어나면서부터 경쟁에 노출되어 있다. 우리는 이미 어머니의 태내에서 수억의 정자들이 경쟁을 하여 이 세상에 태어났다. 그래서인가 윌리엄 제임스는 "세상은 싸움터다."라는 말을 할 정도다.

우리가 경쟁 사회에서 하루하루 살아간다는 것은 힘겨운 일이다. 어제의 친구가 경쟁자가 되고 오늘의 경쟁자가 다정한 친구가 될 수 있는 것처럼 한 치 앞의 관계를 점칠 수 없는 현실을 살면서, 한없이 고달파 보이는 인생을 보내야만 한다.

살다 보면 때론 싫어하는 일을 해야만 살 수 있다. 어떤 이는 가장 행복한 사람을 직업과 취미가 일치하는 사람이라고 했다지만, 직업과 취미가 일치하는 경우는 드물다. 그러니 자기가 '재미있

제5부 미래를 위한 자기관리 기술

고 좋아하는 일만 할 수 있을까' 하고 의문이 생길 수가 있다.

많은 사람들은 자기 직업에 대하여 만족하지 못하며 살아가고 있다. 직업은 하늘이 준 가장 큰 선물이며 사람이 살아가면서 인간의 가치를 높여주는 수단이 되기도 한다. 하지만 우리네 많은 사람들은 그 선물을 못마땅하게 여기면서 살아가고 있다.

사람들의 직업은 너무나 다양하다. 좋은 가문에 태어나서 판사, 검사, 의료계의 탄탄한 인맥을 가진 가정이 있는가 하면 어려운 가정에 태어나서 고물상이나 연탄장수 같은 고단한 삶을 살아가는 사람들도 있다. 세상 사람들은 얼마나 자기 직업에 대하여 만족하고 있을까? 그리 많은 사람들이 만족하지는 않을 것이다. 자신이 좋아하지 않는 일을 하고 있기에 못마땅하게 여기면서 직업을 영위하는 것도 틀린 것은 아니다.

미국의 '스롤리 블로트닉' 연구소에서는 1,500명을 대상으로 20년 동안 자신의 직업과 부와의 상관관계를 설문조사를 실시했었다.

대상을 2개 그룹으로 나누었다. A그룹은 직업을 선택할 때 돈에 주안점을 두었고 자기가 하고 싶은 일은 나중으로 미룬다가 83%를 차지하였다. 반면 B그룹은 돈 문제는 고려하지 않고 자신이 하고 싶은 일을 최우선으로 생각하여 직업을 선택하였는데 17%가 되었다.

이는 인생의 우선순위를 돈이나 명예에 두는 것이 아니라 자기

적자생존의 기술

가 좋아하고 재미있는 일에 두라는 말이다. 정말 재미있는 결과였다. 이들을 20년간 추적하여 조사한 결과 1,500명 중에서 억만장자가 101명이 탄생했다는 것이다. 더 놀라운 것은 101명의 억만장자 중에서 단 한 명을 제외하고는 100명이 B그룹에서 나왔다는 사실이다.

또 다른 기관에서 조사한 결과도 같게 나왔다. 공교롭게도 의사와 모델이 만족도가 가장 낮았고, 반면에 사진작가, 항공기 조정사, 작곡가는 만족도가 높게 나타났다. 상대적으로 일에 매이지 않고 자유로운 직업이 만족도가 높다는 것을 알 수 있다.

직업만족도 꼴찌로 나온 의사와 모델의 공통점은 같다. 우선 틀에 꽉 쪼이는 생활을 해야 하는 직업이다. 자기가 더 나은 방법을 알고 있으면서도 자기 판단보다는 누군가가 만든 틀에 따라야 하기 때문에 자유가 없다.

부자나 성공한 사람들의 공통점은 자신이 좋아하고 재미있는 일을 한다는 특징을 가지고 있다. 자기가 하는 일에 좋아하게 되면 열정이 생기고 창의성이 솟구친다. 또 좋아하는 일을 하면 할수록 자신도 모르게 몸에서 엔도르핀이 나오게 된다. 자신이 좋아하는 일을 하기 때문에 남들이 별 볼일 없는 일이라고 해도 자신은 항상 즐거움이 가득한 모습을 보인다.

백만장자가 되는 방법은 3가지 길이 있다고 한다.

첫째는 부모에게 많은 재산을 상속받는 것이고, 두 번째는 부자

제5부 미래를 위한 자기관리 기술

와 결혼하는 것이고, 세 번째는 부동산이나 주식 등에 투자를 하여 버는 것이다.

위 세 가지 모두 평범한 사람이 백만장자가 되기 위한 방법으로서는 너무나 험난하고 멀기만 하다.

유산을 물려받았거나 부동산 투기 등으로 일확천금을 만든 졸부를 제외하고는 진정한 백만장자들은 모두가 한결같이 어떤 일에 몰입하고 자신의 열정을 불태우면서 젊은 나날을 보냈다. 즉, 앞에서 예를 들었던 자기가 좋아하고 재미있는 일에 열정을 다하였다는 데에 있다.

당신이라면 어느 편에 설 것인가? 환상을 쫓지 않고 현재에 살 당신이라면 당신이 좋아하고 재미있어 하는 일을 하라. 당신이 그런 일을 현재 하고 있지 않다면 꿈을 쫓으면서 현재 하고 있는 일에 좋아하고 재미있는 일처럼 하라. 그러면 당신은 훗날 승자의 모습으로 나타나 있을 것이다.

적자생존의 기술

목표를 향해 힘껏 뛰어라

인생의 목표가 무엇이냐는 질문을 받는다면 즉석에서 대답하기가 어렵다. 결코 쉬운 질문이 아니기 때문이다. 목표를 늘 염두해 두고 사는 사람이 아니라면 대답하는 것에 머뭇거릴 것이고, 대답하더라도 서로 다른 대답이 나올 것이다.

인생의 목표란 그네들이 살아온 환경에 따라 서로 추구하는 방향이 다르기 때문이다. 어려운 환경 속에 살아온 사람들은 부자 되는 것이 최상의 목표가 될 수 있는 것처럼 말이다. 그래 사람들마다 대답이 다를 것임은 분명하다.

왜 우리는 목표를 두어야 하는가? 어떤 기능을 하기에 목표란 있어야 하는가? 목표란 척박한 현실에 적응할 수 있도록 활력을 불어넣어 주고 현실에 적응하는 그 자체를 넘어 인생을 고양하며 아름답게 만든다.

목표는 희망과도 연계되어 어려움에 봉착했을 때 포기하지 않고 전진하는 힘을 불어넣어 준다. 어떤 시기와 비난에도 흔들리지 않게 하며 분쟁과 다툼을 유화하고 평화와 화합으로 나아가게 한다. 그 어떤 유혹의 파도가 몰아쳐도 쉽게 휩쓸리지 않게 한다.

그렇다면 문제는 어떤 목표를 가지고 살며 어떻게 실천하느냐에 따라 달려 있다. 목표는 반드시 달성하기 위해서 세우는 것이 아니라 표준점의 구실을 위해 세우는 것이라는 명언에 귀 기울여 보자. 실천과 노력이 목표에 뒤따라야 한다는 메시지가 이 안에 가득 들어 있지 않은가?

에릭 웨이언메이어는 "노력 없는 재물은 불꽃놀이와 같다. 인생의 정확한 목표를 설정하라. 단조로운 인생을 거부하라. 고통을 극복하면 성장이 있다."라는 명언을 남겨 목표에 대한 중요성을 역설했다.

그는 어린 시절인 13살 때 망막박리증이라는 희귀한 유전병으로 시력을 완전히 잃었다. 그에게 산은 또 하나의 새로운 희망이었다. 산악인으로서 살아온 그에게 북아메리카 매킨리봉, 남아메리카 아아콩카과, 남극의 빈슨 매시프, 아프리카 킬리만자로에 이어 세계 최고봉인 에베레스트 등반에 성공했다.

목표하는 바를 두었다면 그에 대해 집중 혹은 몰입하는 노력이 뒤따라야 한다. 어느 통계에 의하면 경영자 중의 98%가 인생에

적자생존의 기술

대한 목표를 세우지만 실제로 5%만이 목표를 달성하기 위하여 몰입을 하였다고 한다. 실제적으로 몰입하기에는 매우 어렵다는 결과를 볼 수 있다. 이처럼 목표란 그 자체만으로도 훌륭하지만 작심삼일이 되지 않도록 집중하기도 하고 때로는 몰입하는 노력이 뒤따라야 한다. 말하자면 게으름뱅이처럼 현실에 안주하는 것이 아니라 목표를 향해 항상 노력하고 뛰는 사람이 되어야 한다.

목표를 잊어서는 절대 안 된다. 끊임없이 목표를 되새기고 자신을 보채면서 힘껏 달리도록 하자. 그렇다면 당신에게 목표는 당신에게서 떠나지 않게 될 것이고, 당신이 목표한 바는 성취하게 될 것이다. 인생 자체를 생각해 볼 때 목표란 한마디로 자아실현이고, 몰입은 자기 목적적이며 자기 주도적인 프로모션이다. 목표 안에 실천이 있고, 몰입 안에 전술이 있다. 그 어떤 목표도 실천, 노력이 없다면 무용지물이고 몰입이 없는 전력이란 패전, 프로모션 실패에 이를 것이다. 따라서 목표를 이루고자 한다면 실천, 노력이 있어야 한다.

다음의 문제는 목표 설정의 폭이다. 목표를 세울 때에는 장기적인 안목으로 세우는 것이 좋다. 앞을 멀리 내다보지 못하고 단기적인 목표에 치중한다면 장애물을 만나게 될 때 쉽게 포기할 수가 있다. 목표란 원대할수록 삶의 의욕을 증진시키고 본인의 능력을 극대화할 수 있는 인생의 이정표와 같다는 것을 느낄 수 있을 것이다.

제5부 미래를 위한 자기관리 기술

인생은 마라톤이다

인생은 그 흔한 말처럼 기나긴 여정이다. 그러면서 뒤돌아보면 인생은 수많은 단거리들의 연속, 연속이다. 우리가 인생이라는 추상적이면서 거시적인 안목을 얘기하는 것은 당장의 현실처럼 우리에게 다가오는 단거리보다도 마라톤을 얘기한 후에야 단거리에 집중할 수 있는 힘이 생기기 때문이다.

흔히 인생을 마라톤이라고도 한다. 나는 단거리 선수라기보다는 마라토너를 더 좋아한다. 마라토너이기에 단거리 달리기일지언정 열정을 다해 몰입하면서 달음질할 수 있다.

우리는 인생의 마라토너이다. 그리고 모두가 인생의 멋진 주인공이다. 인생을 멋있게 살아가기 위해서는 세상을 보다 긍정적으로 바라보며 합리적으로 사고할 수 있어야 한다. 자신의 감정에 사로잡힌 나머지 상황을 과장하게 혹은 사소한 것으로 생각해서는 안 된다.

객관적으로 상황을 직시하지 못한다면 누구도 자기 인생의 주인공이 될 수 없다든가 늦어질 수밖에 없다. 현재를 즐기면서 살 줄 알아야 한다. 자신에게 주어진 일에 최선을 다한다면, 누구든지, 무슨 일이 닥쳐도 성취할 것이며 반드시 승자가 될 수 있을 것이다.

나는 힘이 들거나 어려움에 직면했을 때 '거북이와 토끼의 경주' 라는 우화를 되새기곤 한다. 인생을 살아가면서 본받아야 할 교훈이라고 생각하기 때문이다. 사람들은 쉽게 결심을 하지만 이내 목표를 잊고 게으름에 젖어 실행에는 소홀하기 때문에 실패를 한다.

모든 것이 마찬가지다. 누구에게나 기회가 동일하게 주어지지만, 성공하는 사람과 실패하는 사람은 분명히 나뉜다는 사실을 깨달아야 한다. 승자로 살아가기 위해서는 자기만의 독특한 생존

애필로그

법을 개발하며 살아야 한다.

인생은 마라톤이다. 자신의 능력만을 믿고 재주를 부리는 토끼보다는 느리지만 목표를 향해서 한결같고도 우직하게 걷는 거북이가 되어야 한다.

처음이 빠르다고 하여 종착점에 먼저 도착하는 것이 아니요, 늦게 출발했다고 꼭 늦게 도착하라는 법은 없다. 늦었다고 생각할 때가 가장 빠르다는 것을 항상 명심하여야 한다.

우리 인생은 마라톤의 마라토너이다. 당신에게 주어진 것은 마라톤 경주를 완주하는 것이요, 무엇보다도 메달의 주인공이 되어 승자로 남는 것이다. 이 모두가 당신 자신에게 달려 있다. 인생은 마라톤처럼 먼 길을 가야만 한다. 당신이 경주하는 마라톤에서 '메달의 주인공' 이 되도록 달리고, 또 달리자.

적자생존의 기술